U0959328

Mind Hunter

破案神探

犯罪现场调查

王利利◎著

中国法制出版社
CHINA LEGAL PUBLISHING HOUSE

PREFACE

前言

为什么神秘的连环杀手频频致电警方，告诉他们受害者的尸体埋藏在何处？

凶手专挑年迈的妇人下手，究竟是出于什么样的动机？

为了盗窃婴儿剖开孕妇的肚子，谁会犯下如此令人发指的罪行？

送比萨的人脖子上戴着项圈炸弹走进银行实施抢劫，美剧中的情节会发生在现实生活中吗？

……

本书收录的均是各国警方侦办的真实案例。离奇诡异的案情，狡猾凶残的罪犯，精明干练、训练有素的警探纷纷登场，现实中的罪案甚至比影视作品更加离奇。警方如何亲临犯罪现场展开调查，如何与罪犯周旋，如何替被害人讨回公道、捍卫法纪，在本书的案例中都做了详细而生动的描述。

在案例之外，本书作者精心编排了“鉴证专家”栏目，结合案例，为读者介绍犯罪现场调查的知识与方法。

DNA 检测、指纹鉴定、血迹检验、弹道测试，这些耳熟能详的概念究竟是怎么一回事呢？

法医是如何判断死者的死亡时间的？尸僵、尸斑、肝温在死亡时间的判断上发挥着怎样的作用？

如何通过骨骼来认定尸体的性别、年龄？

在犯罪现场勘查的过程中，掌印、足迹、气味具有什么价值？

如何检验和提取犯罪痕迹，为案件的侦破找到宝贵的线索？

这些犯罪调查的专业知识让我们眼界大开。掌握了丰富的犯罪调查知识，日后面对现实生活中的罪案，我们也能说出个所以然来，不再做看热闹的吃瓜群众。如果您对犯罪调查有浓厚的兴趣，掌握了这些入门知识，再通过进一步的学习，说不定也能成为一名“神探”。

翻开这本书，开启一趟犯罪现场调查的旅程，相信你会不虚此行。

CONTENTS

目录

第一章

一双撕碎的人字拖
——女大学生被绑架案

2004年5月24日下午，美国俄勒冈州科瓦利斯的警官肖恩·霍克接到一个电话，电话那端传来紧张急促的声音："你好，我要报警，我是扎克，橡树公园公寓的管理员。我的妹妹已经失踪好几个小时了，电话无人接，我四处找也找不到她。"霍克安慰他道："别着急，慢慢说。"

电话那端，报案人的语气稍微缓和了一点，接着说道："我妹妹布鲁克·威尔伯格是俄勒冈州立大学二年级的学生，她今年19岁了，经常利用暑假在橡树公园公寓做一些兼职。上午10点，她在我们家附近的社区做清理路灯广告的工作。本来我们约好中午12点一起吃饭的，但是到了约定的时间她没有出现，电话也不接。于是我去找她，但四处找都找不到。她的钥匙和钱包都在公寓里。以前，她只要有事就会随时给我打电话的，绝不会出现这样的状况。在她工作的地方，她的车和清理广告的工具都还在，可是我怎么也找不到她。"

霍克听完，立刻带着几名警员驱车赶往事发现场。他先向报案人扎克了解了一些情况，然后询问道："她是不是去哪里吃饭了或是去找朋友了？"扎克非常肯定地说："绝对不会，她从来不会出现这种情况，而且当时还是在工作时间，她更不会那样做。"霍克接着问道："她当时穿着什么衣服，身上戴有什么饰物吗？"扎克回想了一下答道："她穿着一件连帽衫，戴着一块安妮克莱因手表以及一枚刻有CTR字样的戒指。"

霍克将这些信息一一记录下来，然后走向现场。他仔细观察了现场附近的状况，发现布鲁克用来清洁路灯广告的工具还在那里，还有一双人字拖被丢弃在路灯旁。这时，有多年办案经验的霍克敏锐地觉察到，这不是一起简单的失踪案，因为其中一只人字拖已经被撕坏，这种破损情况并不像是穿在脚上走路时突然坏掉的，更像是人被拉扯导致的损坏。

霍克立刻推断出布鲁克肯定出了什么事。他马上吩咐手下的人封锁犯罪现场，并打电话叫来勘验组的同事对现场进行调查、取证，以获得有价值的指纹、足迹及其他线索。可是，尽管勘验组的同事进行了全面而细致的调查，仍一无所获。

于是，霍克只好先将布鲁克的照片发放出去，布鲁克的家人也在社区网站上发布了她的有关信息，希望有人能够提供线索。从下午到晚上，已经有数百人自发帮忙寻找布鲁克的下落。

眼看时间一点点流逝，警察们非常着急，他们知道最佳的搜救时间正在流逝。根据以往的经验，失踪 1 小时后失踪者被杀害的概率约为 47%；失踪 3 小时后，失踪者被杀害的概率约为 76%；而失踪 24 小时后，失踪者被杀害的概率约为 88%。

在布鲁克失踪 5 小时之后，霍克决定将这一棘手的案子上报给人口失踪部门。负责这起案子的警官是乔·波伊尔，他有着多年的工作经验，与他搭档的是有着丰富谈判经验的蒂姆·萨特尔斯。在了解了大致的情况后，他们强烈怀疑布鲁克是被绑架了。但是除了一双被撕毁的人字拖和布鲁克的一些物品，再无其他线索和证据，这给调查带来了很大的阻力。

通过多方面的调查取证，警方终于找到了两条有价值的线索：一是在布鲁克失踪当天的上午 10 点左右，有三四个人听到了尖叫声，但是他们没有看到任何异常情况；二是有一位女士曾经在俄勒冈州立大学的校园里看到一个开着绿色厢式货车的人。当时，她看到那个人停下车挡住了布鲁克的去路，似乎在向她问路。后来有另一位女士提供线索，称自己也曾经遇到过这辆车，但是那个人采用的是一种诱惑性的问路方式，于是她提高了警惕，没有理会他。

这些线索看似有用，却让办案人员无从查起。因为厢式货车的种类有很多，没有车牌号、车主姓名，排查起来非常费时费力。但是受到启发的警员开始根据这些线索深入排查科瓦利斯地区附近的绑架案和性侵案，希望从中找到有价值的线索。

通过排查，曾经就读于俄勒冈州立大学遗传学专业的一个学生引起了警方的注意。他叫金桑谷，现年 30 岁。据警方调查，他不喜欢社交，而且与女性相处得不好。就在布鲁克失踪的 11 天前，金桑谷曾因为偷女生的内衣而被逮捕，后来又因为控告无效而被释放。因此，警方将金桑谷列为嫌疑人，并对其住所进行了搜查。

经过搜查发现，金桑谷的房间里竟然有 3000 件女性内衣和 4000 多张女性被拷打和强暴的照片，还有 7 支冲锋枪。不仅如此，搜查人员在其房间里还发现了一个秘密而诡异的储藏室，里面有序地放着贴有标签的棉絮，而这些棉絮竟然来自橡树公园公寓，正是布鲁克失踪的地方。另外，搜查人员在金桑谷的电脑里还发现一个骇人的文件——一个女孩被勒死及分尸的详细计划。

经过这些调查，警方感到金桑谷是一个非常恐怖和危险的家伙。而且他们在调查中发现，金桑谷的很多行为与警方对诱拐者的推论相符。另外，在布鲁克失踪的时候，他曾在橡树公园公寓出现过。因此，警方将金桑谷作为重要的犯罪嫌疑人进行搜捕，并设立800呼叫电话，以便知情者可以提供有关金桑谷的信息，但是一连几天，警方都一无所获。在布鲁克失踪的第5天，找到她的希望变得越来越渺茫。此时，突然有人打来电话称，曾看到金桑谷在其父母的住所附近逗留。于是，警方申请逮捕证，对其实施抓捕。

在金桑谷的父母家中，警方抓到了金桑谷，并搜到了他的电脑、录影带以及一本给撬门初学者看的书。经过调查，警方发现金桑谷是被人用100万美元保释出来的，保释期间正是布鲁克失踪的时候。这让警方更加确认金桑谷就是他们要找的人。

可是，面对警方的指控，金桑谷却矢口否认，并声称有证明自己清白的证据。他对警方说："在布鲁克失踪的上午，我正在网上买股票，当时大概是11点14分。1个小时之后，我去了距离泰格德76英里的小店买手提电脑。"后来，警方经过调取监控视频，发现他所言非虚。由于没有确凿证据不能强行收押嫌疑人，警方只好将他放掉。

于是，警方再次展开侦查和搜索，并且将搜查范围扩大到了案发地点周围6700平方英里。但即使如此，警方仍然一无所获。而此时，距离布鲁克失踪已经将近两个星期了。布鲁克的家人仍然心存希望，希望她能活着回来。

布鲁克失踪5个月后，在1400英里外的新墨西哥州阿尔伯克基城也发生了一起绑架案。

一天晚上，一个来自俄国的女大学交换生走在新墨西哥大学附近的马路上时，一名男子从后面用一只手勒住她的脖子，另一只手则持刀抵着她的喉咙，厉声呵斥道："别动，按照我说的去做，否则我就杀了你。"那名女生不敢作声，乖乖地按照男子的要求走进一辆红色的汽车内。刚走进车内，男子就用鞋带绑住她的脚，用围巾捆住她的手，用衣物盖住她的头并塞住了她的嘴巴，接着将她带到一个废弃的停车场并强暴了她。

然后，男子驱车将其带到另外一个停车场。当他下车去取东西时，那名女生立刻解开手脚上的围巾和鞋带，推开车门跑了出去。

可是，当衣衫不整的她向路人求助时，却没人敢伸出援助之手。幸好一位女士开车经过那里，见状立刻下车帮助了她，并给她披上一件外套，搀着她走进车里。那名女生早已泣不成声，害怕得瑟瑟发抖，她用蹩脚的英语断断续续地向女士讲述道："我正走在路上，被别人持刀绑架……刚刚他在一个停车场……"那位女士一边安慰她，一边立刻拨打 911 报警电话。

她们正在拨打报警电话时，一辆红色的汽车打算靠过来，此时，一阵警笛声传来，那辆红色的车才立刻离开。受害的交换生紧张地抬头望向那辆红色的汽车，注意到车的后面放着一只玩具狗。

接到报警电话的警员是艾德·泰勒，当他赶到事发现场时，那辆红色的汽车已经消失不见了。他详细地询问了受害者的情况，然后让其他警员安排她离开，而他则按照受害者提供的线索，开始搜索附近可疑的车辆。

他发现在一个胡同中有一辆与受害者描述相符的红色汽车，汽车的后面放着一只玩具狗。他先观察了一下周围的情况，然后下车慢慢地靠近那辆车，借着路边的灯光，他发现车内没有人。

泰勒正在观察那辆车时，察觉到有人向他走来，他立刻敏捷地转身，发现一名男子正走过来。男子一看到泰勒，就想转身逃跑，被泰勒当场抓住了。泰勒厉声问道："你叫什么？为什么要跑？这辆车是你的吗？"那名男子平静地说："我叫乔伊·考特尼。"其他问题他却拒绝回答，在警车里也一直保持沉默。

于是，泰勒将考特尼带到了警局，并从他的身上搜出一把刀和一个玻璃烟斗。经过调查，警察发现考特尼正是绑架和强暴那名俄国交换生的犯罪嫌疑人，他现年 38 岁，是 3 个孩子的父亲。就此，他被指控犯有一级绑架罪和强奸罪。

后来，警方通过进一步调查发现，考特尼有长期性侵犯和酒后驾车的记录。他曾对邻居家的姐妹及身旁的女性实施性侵，进而发展到性侵自己的女性朋友，后来又性侵陌生人。不仅如此，他还经常对妻子拳脚相加，他的孩子曾经目睹这一切，不得不报警。另外，他还有很大的毒瘾。在监狱中，他总是焦躁地走来走去。此前，考特尼曾因为酒后驾驶而被俄勒冈州的警察逮捕。正是在布鲁克失踪的当天，他因为酒后驾驶而出庭接受审判，而他所走的路线正好途径布鲁克工作的地方。

2004 年 12 月 7 日，也就是布鲁克失踪 6 个多月后，霍克警官接到了一通电话："你好，我是阿尔伯克基城的警员，请问你们那里是否曾经发生过绑架案？"霍克立刻想到了布鲁克，他随即与当时负责这起案件的警官波伊尔联系，并将事情的始末报告给他。他们只有找到考特尼绑架布鲁克的证据，才能将其与数月前的绑架案联系起来。为此，警方再次展开了深入的调查。

经过调查得知，在布鲁克失踪之前，考特尼在一家房屋管理公司工作，公司配给他的正是一辆绿色的厢式货车。而在案发那天，考特尼白天出去后，布鲁克也随之失踪。

于是，波伊尔开始调查那家房屋管理公司。但他在调查的过程中发现，这家公司的老板竟是考特尼的小舅子。这让办案多年的波伊尔不由得警觉起来：这起绑架案还不能确定有没有同伙，另外，亲人都存在包庇的嫌疑。因此，波伊尔与同事伪装成生意人，声称想买那辆绿色的厢式货车。

他们将那辆绿色的厢式货车开到警察局后，立刻对其进行全面搜查和取证。他们发现，这辆车的后座已经被换过了，而且车内还装过化学物品，这对警方的取证造成了一定困难。但是即使如此，搜查人员仍然不遗余力地进行搜查，不放过车内任何一个细小线索，希望获得有价值的指纹或 DNA 证据进行化验。

他们首先将车内的大小零部件进行拆卸，然后用软毛刷蘸取少许粉末，将其轻轻地弹在那些物证上，以此提取不易发现的指纹。但是，由于这辆车先后被很多人使用过，提取到嫌疑人的指纹并非易事。随后，他们又用发光氨等试剂喷洒，借助紫外线照射检测这些零部件上是否存在血迹，用侧光照射来检查车内是否遗留有被害人的毛发。

同时，警方也对监狱中的考特尼进行了口腔黏膜采样来提取其 DNA，以做比对。

在警方提取 DNA 的过程中，考特尼一直相当配合，也不问这是做何用。这让在一旁对其进行观察的波伊尔很诧异。一般来说，犯罪嫌疑人都不愿配合，或是一直问“为什么”，但考特尼的表现截然相反。由此，波伊尔断定，他必然与布鲁克绑架案有关，反常的表现恰恰是故作镇定、欲盖弥彰。

功夫不负有心人，不久，波伊尔就接到检测部门传来的一个振奋人心的消息：“经过检测发现，车里不仅有考特尼的 DNA，也有布鲁克的 DNA。”此时，已经是布鲁克失踪一年后了。波伊尔在惊喜过后深表遗憾，对于布鲁克的家人来说，这是多么大的打击：一年之后得到的结果竟是布鲁克已经遇害的消息。

接下来，警方还需要找到布鲁克的尸体以将考特尼绳之以法。可是，当波伊尔审问考特尼时，他却一直保持沉默。波伊尔再三对他声明：“如果你告诉我们布鲁克的尸体在哪儿，警方将会对你酌情从宽处理。”可是，考特尼依然沉默不语。

后来，检察官约翰·哈罗尔逊拿来协议，对考特尼说：“如果你能告诉我们布鲁克的尸体在哪儿，我们将不会对你处以死刑，只要我们能定案。你不用着急回答我，我们给你时间考虑。”

最终，考特尼签下了协议，并画了一张藏匿布鲁克尸体处的地图，而后通过律师交代了他犯罪的经过。2004 年 5 月 24 日，他开车经过布鲁克工作的地方，下车假装问路，并声称自己是送快递的，不知道送件的地址。于是，好心的布鲁克就走上前告诉他，而他则趁布鲁克不注意时，迅速用刀抵着她的脖子，将其强行拖到车里。当时布鲁克叫喊了几声，立刻被考特尼打晕在车内。然后，他将布鲁克带到一片森林中，对其实施了强暴。

考特尼担心布鲁克已经看到自己，一定会报警。于是，他心生杀机，将布鲁克带到浓密的林区，并将她粗暴地拖下车，从树林中找来木棍将其打死。

当警方对考特尼所画的区域进行搜查时发现，由于经过了很长时间，尸体已经严重腐烂，只有手臂上的安妮克莱因的表链依旧完好。后来，警方向布鲁克的家人求证，得知这手表正是布鲁克的。

考特尼虽然犯有谋杀罪应被判处死刑，但由于之前与警方签署的协议，他最终被判终身监禁。

鉴证专家

1. 指纹及其提取方法

指纹，即在手指末端的指腹上突起的纹线。当我们用手接触物体时，就会在物体表面留下指纹。指纹又被称为“人体身份证”，由于指纹重复率极低而得此名。

指纹提取的方法包括：

（1）熏染法。将疑似有指纹的纸张、塑料等物品与碘一同放在广口瓶中，将瓶口封闭一段时间，物品表面就会显现紫红色的指印。

（2）粉末显现法。用软毛刷蘸取少许粉末，然后轻轻地弹一下软毛刷的手柄，让粉末均匀地洒落在指印上，而后再轻轻地抖掉多余的粉末，就会显现出有色指印。常用的粉末是铜粉、铝粉、铁粉等。

（3）硝酸银法。人的汗液含有氯化钠，而硝酸银与氯化钠会发生化学反应，分解出银离子，从而让指印显现出黑色。用软毛刷或棉球蘸取浓度为 1%~5% 的硝酸银溶液，轻轻涂抹在有指印的物体上，将其放置在阳光或灯光下曝光。当指印显现后，需要用黑纸将其封存起来，以免过度曝光。

2. DNA 及其提取方法

DNA，又称脱氧核糖核酸，是组成遗传指令的一种分子，可以构建细胞内的一些化合物，如蛋白质与 RNA。通常而言，带有蛋白质编码的 DNA 片段被称为基因。

DNA 检测的方法包括：

（1）对口腔黏膜进行检测。先用清水漱口一到两次，然后用口腔黏膜刮勺在口腔内侧，即脸颊内侧上下牙齿之间的部位，沿前后方向刮十余次，再用刮勺头部的另一侧来刮取另一侧的口腔黏膜。随后，将刮勺放入有生理盐水的试管中搅动，当生理盐水溶液变为混浊的液体时，将其倒入另外一个试管，并用螺旋盖拧紧，用力摇晃几次。最后，将其封紧移交有关部门进行检测。

（2）对唾液进行检测。先用清水漱口，半小时后对唾液进行采样，然后将唾液收集到采样管中，直至达到采样管上的标签位置。随后，将试管盖紧，颠倒 10 次，让唾液和固定液充分混匀。然后保持管盖在上方，垂直放置 5 分钟。最后，将其封紧送交检测部门。

第二章

哀鸣的天使
——出人意料的凶手

1996年，在美国得克萨斯州的罗利特市，达丽耶·鲁捷一家过着幸福而温馨的生活。丈夫达林在事业上很成功，在市区为家人买了一幢大房子，对妻子达丽耶也非常疼爱。他们有3个孩子，分别是6岁的德文、5岁的达蒙和8个月的德拉克。可是，如此美满的家庭却在某个夜晚被无情地摧毁了。

凌晨6点，911报警电话响起："请你们快来救救我的孩子，我的两个孩子被人杀死了。我现在也受伤了，请你们快来救我们！"接线员一边安慰报案人，一边从她口中得知了准确地址。

警探吉米·帕特森接到警情后，立刻带人火速赶到了现场。当他们封锁了现场后，法医文森特·迪马尤也赶到了这里。进入房间后，他们发现地毯上满是血迹，还有暴力打斗的痕迹。6岁的德文躺在地上，胸口被刺了两刀，心脏被刺中，已经死亡。5岁的达蒙背部被刺了6刀，肺部和肝部均被刺穿，不过他尚有微弱呼吸。可是，达蒙在被送到医院不久后，还没有来得及被抢救就身亡了。

他们的母亲达丽耶身负重伤，脖子和胳膊上都有深深的刀口，睡衣上全是血。医护人员赶到后，立即将其送往医院。

帕特森警探与调查人员继续搜查犯罪现场。血迹是从厨房开始的，车库中还有一个带血的足印。搜查到房子外面后，警方还发现了一只带血的袜子。

对此，帕特森警探推测，凶手在杀死了两个孩子后，本想继续杀害达丽耶，但没有得手。

随后，帕特森警探去医院看望孩子的母亲达丽耶，与其进行谈话，了解事情发生的经过。但达丽耶似乎很警觉，叙述当晚的经过时也显得异常冷静、清晰。

她说，那天晚上天很热，她与德文、达蒙睡在客厅，丈夫达林则与 8 个月大的德拉克睡在楼上。当她在睡梦中因疼痛而惊醒时，发现行凶者正在用刀刺自己的脖子。那个人穿着黑色的衣服，头发浓密，戴着棒球帽。

她立刻下意识地用胳膊挡住了刀，因此胳膊也受了伤。随后，她与凶手进行了搏斗，追着凶手穿过房子，凶手还打破了厨房中的玻璃器皿。她又跟着他穿过了杂物间，在此过程中，凶手不慎将带血的刀遗落在杂物间。她立刻将刀捡起，可就在那个当口，凶手跑掉了，消失在车库外。随后她将刀放在了厨房的工作台上，立刻返回客厅，呼唤楼上的丈夫，然后拿起电话拨打 911。当丈夫达林到达客厅时，发现大儿子德文已经身亡。

经过调查，警方发现，达丽耶与达林是在高中时相识并相爱的。婚后不久，孩子们相继出生，为他们的小家庭增添了更多快乐。而丈夫达林在事业上也做得比较顺心，一家五口幸福地生活着。

法医文森特经过检查后发现，达丽耶脖子上的伤是从右边向左上方划破的，看上去是被尖锐物割伤或是砍伤的。右前臂也有深深的伤口，足以见到骨头。她的手腕到肩膀的位置也有很多瘀伤，可能是在与凶手搏斗的过程中受的伤。

可是，警方却在犯罪现场发现了很多疑点。如果达丽耶是在沙发上遭遇袭击的，为何沙发的枕头上没有血迹，而且沙发也没有被割裂的痕迹？厨房中，玻璃碎片散落在地，达丽耶声称是行凶者将玻璃器皿弄到地上的，当时她跟着跑了过去。可是调查人员检查后发现，她的血足印是在玻璃碎片下面的，而且她的脚也没有受伤。这是非常不合理的。

更让调查人员感到费解的是在犯罪现场发现的血鞋印。虽然达丽耶说凶手消失在车库外了，但经过搜寻，车库外面没有发现任何血迹。反而是在房子外面的小路上，警方发现了一只带血的袜子。调查人员经过鉴定后发现，这只袜子是达丽耶家中的，因为袜子上的纤维与达林网球鞋上的纤维是一致的，而袜子上的血迹也是达丽耶的两个孩子的。

如果凶手确实是从车库消失的，那么，从车库到房子外的这段小路上应该有血鞋印才对。可是，调查人员经过仔细搜查后发现，这里没有任何凶手落荒而逃的迹象。

由于有太多疑点，警方向擅长犯罪现场分析的破案专家詹姆斯·克龙求助，克龙随即前来协助他们。当克龙了解了案情并查看了犯罪现场后，将注意力放到了达丽耶的家庭成员身上。显然，8 个月的婴儿是不可能犯罪的。于是，他们将注意力放在达丽耶的丈夫达林身上。

当帕特森警官与达林交谈时，感觉他的语言和行为都相当怪异。他对帕特森说的第一句话，既不是询问妻子的伤情，也没有流露出丧子之痛，而是问道："警官，你是不是觉得我的妻子非常美丽？"帕特森怀疑达林可能就是凶手。

达丽耶出院后，她与丈夫达林被带到警局协助调查，他们花了一个多小时的时间才讲述完了案发当晚的情况。

达林依然重复了他在报案当晚所说的话：他正在楼上熟睡时，听到妻子的叫喊声，于是立刻下楼。可是，当他到楼下查看孩子的状况时，为时已晚，大儿子德文已经身亡，小儿子还有些微弱的气息。

可是，达丽耶的描述却发生了变化：案发当晚，她正在熟睡时，突然感到有人压住了自己的右肩，醒来后她发现小儿子达蒙站在自己跟前，而一个男人正在对德文行凶。她立刻追着行凶者向厨房跑去，并打破了玻璃器皿。凶手奔向了杂物间，她也紧跟着跑过去，发现地上有一把白色手柄的刀。捡起刀后，她继续跟着行凶者跑向车库，但是行凶者却消失不见了。

于是，她返回客厅打开灯，看到地毯上都是血，自己也满身是血。她一边呼喊丈夫达林，一边拨打了 911 报警电话。

虽然达丽耶描述得很详细，但与她之前在医院中描述的情况不同：她没有与行凶者搏斗，小儿子达蒙也是醒着的。

这让克龙与帕特森感到更加疑惑：到底谁才是凶手呢？达丽耶是否在说谎？

警方再次对犯罪现场进行了搜查、取证，并进行了上百次的 DNA 分析。另外，他们还对达丽耶家中的地毯、厨房的水槽和操作台再次进行细致检查。在此过程中，调查人员发现厨房的操作台与水槽上有血迹，他们因此怀疑，水槽中可能还隐藏着更多看不见的血迹。

于是，他们用黑布将房间遮挡住，不让一丝光亮透进来。随后在水槽中喷上了含有发光氨的化学物质。很快，水槽中出现了血迹。他们立刻拿起相机将这一幕拍下来，并由此推测，水槽是因为有血迹而被人清洗过的。

克龙推测，如果达丽耶确实与行凶者进行过搏斗的话，那地上或者墙上都应该留下长而细的血迹。同时，在打斗的过程中，血迹还会飞溅出去。可是，在犯罪现场却找寻不到这样的血迹。而且受伤的达丽耶如果确实追赶过行凶者，会在地上留下长而浅的血迹。当血液从跑着的人身上滴落到地面上时，血迹会延伸，而不是圆的，但在现场找不到这样的痕迹。

于是，调查人员试图重现达丽耶在房子中移动的情形。他们将一些不透水的厚纸放在地板上，将她走过和跑过的足印连接起来。然后，根据纸上的步幅进行估量。结论表明，达丽耶在犯罪现场确实是行走过的，但并非如她描述的那样，是跑去追赶行凶者的。

另外，当时行凶的刀虽然被丢弃在杂物间，但那里遗留的血迹却与达丽耶的叙述不相符。血迹专家找到了一模一样的刀子，并蘸了动物的血，将刀分别在不同高度进行了多次坠落实验。结果，刀上飞溅出来的都是V字形的血迹，与现场的血迹完全不同。

此时，帕特森从医院的医生那里得知，达丽耶身上的伤口有可能是她自己刺伤的。

另外，警方在达丽耶家中还找到了一个关键的小证据，更加验证了他们的推论。在厨房中，调查人员找到了一把刀子，经过化验检测后发现，刀子上沾有细小的纤维。这种纤维来自达丽耶家车库中的帘子，而且在案发当晚，车库的帘子确实被利器割开过。这很有可能是屋内的人拿起这把刀将帘子割开后，又放回了原处。

通过在犯罪现场提取到的证据及各项检测结果，克龙与帕特森开始怀疑，是达丽耶在刺杀了自己的孩子后，又用刀刺伤了自己，这一切都是达丽耶自己策划的。在孩子们睡着之后，她先从厨房中拿起了那把刀，将车库的帘子割开，然后将其放回原处，再拿起另一把刀杀死了自己的两个孩子。紧接着，她拿起丈夫的袜子沾上血迹扔在小路上。随后，再用刀割伤了自己，并疯狂地摔打自己的胳膊和手腕，让自己看起来像是被人袭击过一样。

这个推测让警方倒吸了一口凉气。是什么原因让身为母亲的达丽耶狠心而残忍地将自己的孩子杀死呢?

警方深入调查后发现，这个看似温馨幸福的家庭背后，实际上埋藏着很多问题。表面上，达丽耶一家过着衣食无忧的生活，但其实他们已欠了美国国税局一万美元的税。家里的汽车坏了好长时间却无钱修理，给他们的出行造成了很大不便，也让达丽耶感到生活的窘迫。

当达丽耶怀第三个孩子时，她患上了抑郁症。有时候她会在家里一连待上好几天都不出门，有时候甚至是好几周。她的日记中也记载着她与抑郁症抗争的艰难过程。在日记中，她还曾给孩子们写下这样的话："希望有一天，你们能够原谅我将要做的事情，我已经没有了继续斗争下去的勇气。"

另外，在案发后的第 8 天，是达丽耶大儿子德文的生日，达丽耶一家为其在坟墓前举办了严肃的生日宴会。宴会持续了两个小时，在即将结束的时候，发生了十分奇怪的事情：达丽耶非常开心地喷出彩条，并欢快地唱起了生日歌。

这让警方感到很诧异，两个心爱的孩子去世，为何作为母亲的达丽耶不仅没有表现出任何的悲伤，反而会有如此怪异的举动？看上去，她似乎在为孩子的死感到开心和庆幸。

在宴会结束后，帕特森再次找到达丽耶，问她之前向警方提供的证词是否有什么地方需要修改。达丽耶摇摇头回答道："没有。"帕特森故意说："如果根据目前的证据，我们将起诉你杀害了自己的孩子。"谁知，达丽耶却笑着说："难道我杀害自己的孩子，自己都不记得了吗？"

之后，警方凭借搜集到的证据，起诉达丽耶犯有谋杀罪，法庭最终宣判达丽耶因谋杀罪而被判处死刑。

鉴证专家

血迹形状

在犯罪现场，血迹形状主要有6种，即滴落状、喷溅状、擦拭状、流柱状、血印痕、血泊。

1. 滴落状：是指血液在一定高度受重力影响而滴落后的状态。不同的高度和方向，血迹滴落后的状态也不同。这是因为血液在空气中滴落时，不仅受到自身重力的作用，也受到其他外力的影响。

当高度处于0.1米以内时，血液滴落在地面上会呈现出光滑或微带锯齿状的圆滴；当高度处于0.5米时，则会呈现出非常明显的锯齿状；而当高度处于1米时，则会在地面上呈现出线条状或逗点状的血迹。

2. 喷溅状：是指在犯罪现场，当受害者被伤到了动脉时，血液喷溅出来而呈现出的感叹号的形状。

3. 擦拭状：是指在犯罪现场，如果犯罪嫌疑人使用毛巾、衣服等物品擦拭带血的凶器或手，就会形成面积比较大、边界不是很清楚的擦拭血迹。

4. 流柱状：是指在犯罪现场，受害者静脉出血而导致血液从高位流向低位，从而形成流柱状血迹。如果受害者是动脉受伤而导致血液喷射到墙壁或门窗上，血液也会呈现流柱状，只有流到下面后，血迹才会由于血量过多而变粗。

5. 血印痕：是指在犯罪现场，犯罪嫌疑人手上沾有血液而在凶器手柄、门把手或者门框等位置留下的血指纹或血掌纹。如果嫌疑人踩到了血液，也会在地上留下血足印。

6. 血泊：是指在犯罪现场，受害者受到很严重的伤害而无法独立行动，同时伤口不停流血，从而在所处的位置形成血泊。根据血泊形态，不仅能推断出此地是否为第一犯罪现场，还能根据其形状和大小来估计出血量，从而推断出案发时间。

第三章
连环杀手的电话
——五名妓女被杀案

在堪萨斯城警局，重案组的道格·尼迈尔警长正在埋首处理案件，他手下的几名组员也都在紧张地各自忙碌着。他们都是从各个分局挑选出来的精英：有的人侦破能力很强，有的人审讯能力非常棒。此时，一个来电打破了办公室里的平静。

尼迈尔拿起电话说："你好，我是道格·尼迈尔警长。"电话那端传来急促的声音："你好，我是除草工，我刚刚在前程大道上发现了两具尸体。"挂上电话，道格与手下的史蒂夫·摩根等几名警员立刻驱车赶往事发地点。

到了事发现场后，尼迈尔先让摩根去询问周围有没有目击证人，而他自己则找到报案人了解相关情况。尼迈尔问道："你是怎么发现这两具尸体的？"报案人惊恐地回答道："今天下午我负责在这片地方除草，突然闻到了一股相当难闻的味道。于是我就顺着气味走到了这个废弃的停车库，看到了这个恐怖的场景。"

于是，尼迈尔让手下人立刻封锁案发现场，然后打电话叫来勘测组的同事调查取证。而摩根在询问周围的居民之后却没有找到任何的目击证人，只是有人曾经看到几个像妓女的人来过这里。

此时，勘测组的同事已经开始调查取证，他们仔细观察了犯罪现场并拍了照。有两具尸体叠放在废弃的车库里，调查人员经过测量肝温推断出了死者大概的死亡时间：上面的死者死亡不到 1 天，而下面的死者则已死亡 3 个星期。死者都是非裔女性，尸体上没有明显的伤口。为了能够找到隐藏的伤口，调查人员使用特殊的光线照射尸体，但是依然没有任何发现。

随后，调查人员开始采集受害者的指纹和 DNA：他们将墨粉均匀地撒在一张白纸上，将受害者的手指按在上面，以提取其指纹，又从受害者的头发和皮肤上提取 DNA。

通过检测发现，第一名受害者的指纹和 DNA 与一位名叫希拉·麦克金兹的人相吻合，她现年 38 岁，是一名吸毒者，以卖淫为生，住在前程大道附近；而第二个受害者名叫帕特丽夏·威尔森，也住在前程大道附近。

根据这些信息，尼迈尔将组员分为两组，一组调查麦克金兹，另一组调查威尔森。可是，警方在调查第一名受害者时却没有找到其家属。而在调查第二名受害者的家属时，发现其家中仅有一位年迈的老太太。警员杰夫·唐宁为了不让年迈的老人情绪失控，便采取循序渐进的方式询问：“您认识帕特丽夏·威尔森吗？”老人微笑着回答道：“当然认识了，她是我的孙女。”唐宁进一步问道：“您最后一次见她是什么时候呢？”老人突然收起了笑容：“在 3 个星期前。”

随后，老人变得悲伤起来，她不等唐宁再提问，就担心地说道：“3 个星期之前，她回来的时候说在这附近有人袭击过她，还用棍子打她。我让她小心一些，不要太晚回来。她是不是出了什么事情？”唐宁立刻问道：“你知道袭击她的人是谁吗？”老人摇了摇头，又再次问孙女是不是出了什么事。

唐宁只好将威尔森遇害的事情告诉了她，老人还没有听完就已经泣不成声。唐宁安慰了老人几句，把自己的名片留给了她，并对她说道：“如果您想起来那人是谁，可以随时给我打电话。”

虽然被害人的身份确定了，但依然没有任何线索，这让案件的侦破陷入了困境。正在这时，新的线索出现了。

一天，晚间新闻刚播放完，911 的接线员就接到一个男人的电话："你们警方漏掉了一具尸体，在帕克大街 29 号车库旁边还有一具尸体，是我把尸体放在那里的。"说完这句话，男人立刻就将电话挂断了。

当尼迈尔接到这一信息后，立刻意识到这个打电话的男人有可能就是凶手，他是在向警方挑衅还是在示威呢？带着这个疑问，尼迈尔与几名警员驱车来到了尸体放置的地方。

当他们到了这里以后，天色渐晚。仔细观察周围，发现确实有一处废弃的车库，车库旁边有灌木丛，而尸体则被藏在灌木丛下面，两条腿露在外面，头部被毛毯盖住了。由于天色已经暗了下来，对搜索工作来说非常不利，于是尼迈尔让手下的警员先封锁现场，等到第二天天亮再进行搜索。

回到警局后，尼迈尔立刻让摩根调查报警电话的线索，但摩根听了录音之后发现，报案人的语速非常快，似乎在掩盖自己的声音。而他使用的电话号码也是未激活的，没有任何通话记录，更查询不到是从哪个地方打过来的。这让他们再次陷入了困境之中。

第二天凌晨 5 点，尼迈尔就与勘测组的同事来到了第三具尸体的发现地点。经过观察，勘测组判定这个地方并非第一犯罪现场，遇害者可能是在被害后被搬运到这里的，因为现场没有打斗的痕迹。死者的脚上还穿着袜子，模样看起来像是一位吸毒者，同样是名女性。除此之外，在这附近还发现了死者的网球鞋。这一次，警方依然没有发现任何有用的线索。

而在当晚，晚间新闻刚播放完，接线员又接到了同样的人打来的电话："你们还有两具尸体没有发现，一具在奥利佛大街 27 号，另一具在前程大街 24 号，都藏在灌木丛中，已经一个星期了。”说完这段话，来电者又快速地挂断了电话。

这再度刺激了尼迈尔紧张而愤怒的神经，尼迈尔向上级警署发出请求，希望他们给予援助。

破案专家德科·塔普利前来协助他们。塔普利提出了两个问题：“当凶手再次打电话时，我们要如何与他交谈？在交谈过程中如何知道他的作案动机？我们要利用他的自负来寻找案件的突破口。”

此时，尼迈尔也发表了自己的想法：“从这起案件的规律来看，凶手总是在晚间新闻结束后打来电话，这表明他也在收看新闻，以此了解案件的进展情况。所以，我们在接下来的行动中要尽可能地封锁关于案件进展的信息，不要泄露太多的信息给媒体，让凶手无法预测我们下一步的动作。”

随后，犯罪现场分析人员与道格的组员一起行动，开始分别调查第四具、第五具尸体。通过侦查发现，这两名受害者也是女性，而且是在其他地方被杀害后搬运到弃尸地点的。在放置第五具尸体的不远处，乔·马利奈拉警员还发现了麦当劳的袋子和杯子，这些东西表明，凶手在附近用完餐后，又折回了弃尸点清理现场。马利奈拉戴上白色手套，用镊子将这些有可能成为破案线索的证据放在证物袋中，以便带回去检验凶手的指纹。

可是，当他们商量好应对方案后，凶手却没有再打来电话，这让警方很被动。与此同时，这起连环杀人案让整个城市陷入了恐慌。尼迈尔也处于非常紧张的状态，害怕受害者的名单还会增加。

而在此时，摩根却称自己找到了一条有用的线索。原来，摩根一直在查那名男子的手机和电话公司，他通过调查发现，这名男子每次打来的电话都是从同一个信号塔发出的，而且距离几名受害者被发现的地点仅有

3 公里。第二天，他很早就来到警局反复听那名男子的来电录音。在录音中，他听到了火车声和小孩玩耍的声音，而在他推断的凶手所在区域的西面就有铁轨。同时，他又根据放置尸体的位置推断出了凶手可能藏匿的几个社区。

摩根推断出的这一线索让尼迈尔与塔普利十分开心，也让其他警员为之振奋，他们立刻有了继续调查下去的干劲。

当他们在几个社区进行搜索和排查时，一名黑人女性被袭击的案件引起了他们的注意。这名黑人女性叫阿列，说起那件事时，她还有些惊魂未定。

她心有余悸地向马利奈拉说道："一天下午，当我正走在前程大街的一个小巷子中时，一个人突然从后面掐住了我的脖子，我试图去掰开他的手，但是他的力气太大了，我根本无力挣脱，一会儿就被他掐晕了。他可能以为我死了，所以在我倒地之后就离开了。"马利奈拉问道："袭击你的人长什么样子，当时他穿什么样的衣服？"

阿列想了想回答道："他的个子很高，是一个黑人。头上戴着黑色的帽子，上身穿着黑色的夹克衫，下身穿着黑色条纹的裤子。"

与此同时，警员弗恩·胡思也搜寻到一条线索：一个女孩和朋友经过前程大街时，一个又高又瘦的男子扬言要一个一个地杀了她们。后来，她们听说那名男子刚刚从监狱里放出来，他在 22 年前杀害了他的妻子。当时他头上戴着黑色的帽子，上身穿着黑色的夹克衫，下身穿着黑色条纹的裤子。

当塔普利与尼迈尔获知这两条重要的线索后，立刻着手调查最近刚刚释放的犯人。经过排查得知，犯罪嫌疑人可能是特里·布莱尔，他与母亲住在前程大街 24 号，曾经因为谋杀罪而入狱，后来被假释。但在 7 个月前，他由于触犯假释规定而再次被通缉。

警员唐宁将有关布莱尔谋杀案的档案调了出来：布莱尔和妻子一直很恩爱，结婚不久就生下了可爱的孩子。可是，让布莱尔愤怒不已的是，妻子在生完孩子没多久，竟然去做了妓女。因此，布莱尔丧失了理智，在妻子外出时尾随她并用棍子将其打死，然后将尸体包裹起来丢在灌木丛中。

了解这一案情后，警方便知悉布莱尔的犯罪动机了：由于妻子背着他去做妓女，因此他恨透了做妓女的黑人女性，见到她们就会先袭击，再将其杀害。

警员马利奈拉再次找到了被袭击的阿列，他问阿列："如果再次见到那位袭击者，你能否辨认出来呢？"阿列点了点头说："会的，我永远都忘不了他的长相。"马利奈拉便拿出 6 张照片让阿列辨认，看完这些照片，阿列立刻指认了犯罪嫌疑人布莱尔。

于是，调查人员兵分两路，分别对布莱尔的所有住所进行搜查。可是，尼迈尔与手下搜遍了特里的所有住所仍没有任何发现，只发现布莱尔的母亲还住在一处出租房中，但她不知道布莱尔的下落。

尼迈尔还在搜查时接到了被召回的通知。回到警局他才知道，布莱尔已经被抓获了。

原来，布莱尔在一户居民家里看新闻时，新闻中正在播放有关连环杀人案的消息，他的照片也在屏幕中不断闪现。见此情景，女主人立刻紧张地关了电视，装作去厨房打扫卫生，然后偷偷地报了警。当警方前来搜查时，发现布莱尔藏在车库的车子下面，立刻当场逮捕了他。

虽然警方已经抓捕了布莱尔，但是根据现有的证据只能起诉他违反假释规定和进行人身攻击，而不能起诉他实施谋杀，除非他亲口坦白自己所有的罪行。

于是，警方先对布莱尔的家庭背景和亲属关系做了详细的调查，经过调查整理出来的资料竟然多达 700 多页。原来，布莱尔家庭中的 4 个成员都曾犯过谋杀罪，他的母亲曾经枪杀自己的丈夫，两个兄弟和一个姐姐也都曾犯过谋杀罪。

尼迈尔让擅长审讯的唐宁和马利奈拉来审问布莱尔，特别是马利奈拉，他的审讯能力特别强，可以很快地拉近与犯罪嫌疑人的关系。

当布莱尔被带到审讯室后，马利奈拉先开口说道："你好，布莱尔你刚刚吃过东西了吗？"布莱尔面无表情地点了点头。当布莱尔坐下后，马利奈拉依然与他闲聊，并在拿烟的时候，像朋友似地问他："要来支烟吗？"布莱尔点了点头，依然没有说话。

经过 3 个小时的闲谈后，他们开始进入正题，马利奈拉和唐宁将受害者的照片一一展示给布莱尔，但是布莱尔依然没有什么反应，也没有任何情绪表露。

这时，摩根将马利奈拉和唐宁叫了出去，并与其他几个警员商讨了接下来的审讯内容。摩根提出了之前的电话线索，马利奈拉立刻感到这是一个很有利的突破口。

他再次来到审讯室，开门见山地将手机的信号位置说给布莱尔听，并问他："你为何不再打电话给我们呢？"此时，布莱尔不再与他对视，而是低着头看着地面，说："我把电话借给了姐姐。"

于是，唐宁走出审讯室，将这一信息报告给尼迈尔。尼迈尔立刻让摩根带人搜查姐姐的住所，而那个地方正是摩根推断出来的区域。

当摩根与其他警员到达布莱尔姐姐的住所时，开门的却是一个小孩，摩根问道："你妈妈在家吗？"小孩子回答道："妈妈还没有下班。"于是摩根等人只好在外面等着，因为没有主人的首肯是不能随意到他人的房子里进行搜查的。当他们站在屋外等待时，摩根发现周围的声音正是他在电话录音中听到的——小孩子玩耍的声音、火车经过的声音……

可是，在屋主允许他们搜查时，他们却一无所获，并没有找到那部电话。而另一边，审讯室中的布莱尔也不再说话，只是低着头看着地面，似乎对什么都不感兴趣。于是，警方只好以违反假释规定这一罪名将布莱尔送回了监狱中。

恰在此时，案情出现了转机，勘测组的同事在第一名受害者麦克金兹的身上发现了布莱尔的 DNA，这足以证明布莱尔就是凶手。

鉴证专家

1. 犯罪动机

犯罪动机是指导致和诱使犯罪人实施犯罪行为，从而满足其内心需求的起因，这往往是构成犯罪的动力因素。形成犯罪动机的条件主要有两个：一是欲望、需要，即内在条件；二是产生刺激的外在条件。西方犯罪学家将犯罪动机分为攻击欲、财欲、性欲三类。

2.DNA 破案

DNA 是每个人独一无二的标志。同时，DNA 的稳定性很高，即使是已经降解的 DNA 样本，其特征也与之前没有太大差异。因此，DNA 成为司法鉴定的主要材料，也是破案的关键。DNA 的提取源有很多，比如杯子上残留的唾液或口腔黏膜的细胞、带有毛囊的发丝、凝固的血液等。

第四章

神秘的陌生人
——汽车站内的绑架案

圣诞节前夜，人们都在高高兴兴地包装圣诞礼物，准备迎接节日的到来，玛赛拉·安德森与丈夫也不例外。他们本打算一家四口出去旅行，但是玛赛拉刚到达芝加哥车站，就接到丈夫的电话称他不想去了，让玛赛拉自己带着两个孩子去旅行。玛赛拉很生气，她一个人既要拿着笨重的行李，还要抱着16个月大的杰斯敏、牵着3岁的艾丽亚，如何能忙得过来？

于是，玛赛拉决定在芝加哥的巴士站转车回家，因为她一人带着两个孩子是没办法旅行的。身心疲惫的玛赛拉在巴士站下了车，一只手抱着杰斯敏，另一只手正准备拿行李时，一个陌生的男人走了过来。他对玛赛拉说："你好，女士，我是巴士车站的搬运工，请问您需要帮忙吗？"玛赛拉只好对他说："请你帮我把这些行李拿到巴士站里吧。"节日期间车站里的人非常多，玛赛拉一直被人群簇拥着往前走。直到进入车站后，她才长出了一口气。正在等车时，玛赛拉注意到一个女人一直在车站里来回走动，当这个女人注意到玛赛拉在看自己时，就走上前来与玛赛拉攀谈。

她微笑地看着玛赛拉怀抱中的杰斯敏说："你的宝贝是个混血儿吧？好可爱、好漂亮啊！"玛赛拉虽然非常累，不想与她搭话，却还是出于礼貌说了声"谢谢"。随后，那个女人就离开了。

等了半小时，车依然没有来。此时，艾丽亚开始闹情绪了，不停地走来走去。玛赛拉只好一边哄着杰斯敏，一边不停地安慰艾丽亚，而那位拿行李的男人则一直站在旁边帮忙照看行李。

过了一会儿，之前那个女人又出现了。她走上来对着玛赛拉自我介绍道："我叫克里斯丁，你是不是去密尔沃基？"当时，玛赛拉正站在前往密尔沃基的站牌旁，谁都能猜到她是去密尔沃基，因此她敷衍地回应了一句："是的。"接着，那个自称克里斯丁的女人又说："我是来接女儿的，她正好今天放假，我们也去密尔沃基。我的车就停在外面，要不我载你们回去吧。"玛赛拉婉言拒绝道："谢谢你，不用了，巴士一会儿就到了。"

时间越来越晚，已经到了孩子们睡觉的时间了，车依然没来。杰斯敏开始闹觉了，艾丽亚也着急地想要离开妈妈的身边自己到处跑，玛赛拉在烦心的同时，还要不停地哄着两个女儿，她感到心力交瘁。

这时，那个名叫克里斯丁的女人又走了过来，好心地提醒玛赛拉说："如果你们坐我的车，要比巴士早到家 1 个小时。我也是孩子的妈妈，到了孩子睡觉的时间，只有让孩子好好休息，我们做妈妈的才能稍微喘口气。"听她这样说，玛赛拉再三考虑了之后，同意了她的提议。

当她们去退票窗口退票时，杰斯敏开始不停地哭闹，玛赛拉不停地变换姿势以让她停止哭闹，但是效果甚微。而此时，她还要一手牵着艾丽亚。这时，克里斯丁微笑着说："要不我来帮你抱着她吧，这样你也方便退票。"于是，玛赛拉便将杰斯敏递给克里斯丁，并不时地回头逗着孩子。

可是，当她低下头正准备签名时，克里斯丁突然抱着孩子转身就跑。玛赛拉正好回头看见了，立刻吃惊地叫道："你要干什么？等等我！"但是那个女人头也不回地抱着孩子继续往前跑。玛赛拉像疯了似的高声喊道："救救我的孩子！救救我的孩子！"她一边喊，一边牵着 3 岁的女儿朝那个女人的方向追赶。可是，人潮涌动的车站里根本看不见她的踪影。玛赛拉无力地哭喊着，瘫坐在地上……

芝加哥探员约瑟夫·甘德斯基正在与家人一起兴冲冲地包装圣诞礼物，此时，家里的电话突然响起。“芝加哥车站发生一起绑架案，一个孩子被人抱走了。”电话挂断后，甘德斯基立刻驱车赶到事发现场，同时打电话通知其他警员到现场帮忙。

当甘德斯基询问玛赛拉事情的经过时，她泪眼婆娑地讲述了刚刚发生的事情。甘德斯基问她：“你是否记得那名嫌疑人的样貌？”玛赛拉立刻描述道：“金黄色的头发，蓝眼睛，穿着黑色的皮衣。”

“孩子失踪前穿什么样的衣服呢？”甘德斯基继续问道。

“孩子穿着白色的网球鞋，身上穿着粉红色带帽子的外套，卷发，扎着两个小辫子。”玛赛拉回答道。

警察开始四处询问车站里是否有目击者，但是由于现场人潮拥挤，根本没有人注意到那名犯罪嫌疑人。后来，警方调取了车站的监控录像，但依然没有发现玛赛拉描述的那个犯罪嫌疑人。当警察询问那名行李搬运工时，他提到一个细节：嫌疑人脖子上有文身，是一串字母。

这一线索对警方来说非常重要，因为在脖子上有文身就如同戴着一串特别的项链，还是比较醒目的。于是，甘德斯基一面派人封锁各个入口，一面让人搜查附近的垃圾桶、下水道等地方，寻找嫌疑人与孩子的下落。

随后，警方将玛赛拉与那名搬运工带到警察局协助调查。此时，玛赛拉依然悲伤至极，泪流不止，并不断地自责。甘德斯基不停地安慰她，等她的心情稍微平复之后，拿来拐卖和绑架儿童的人贩子的照片让玛赛拉辨认。可是，玛赛拉仔细辨认后却没有发现那个女人。

警方一方面将杰斯敏失踪的消息发布了出去，希望有人能够提供案件的相关线索，另一方面向上级警署申请援助。上级警署很快派来了有7年暴力犯罪案侦破经验的警官南妮特·多利，协助甘德斯基一起破案。

多利首先与甘德斯基等人再次去了案发现场，在仔细了解了案情后，开始与他们一起分析犯罪心理痕迹及绑匪的动机。从现场情况看，这名犯罪嫌疑人肯定是一名惯犯，她知道如何接近玛赛拉，并且经过观察后知道她是一个人出行。绑匪带走孩子的动机有可能是为了贩卖或者维系她与男友的关系。如此看来，孩子目前应该是安全的。

不过，他们也做了消极的假设：如果犯罪嫌疑人另有目的，那么，时间过去越久，孩子就越危险。因此，他们需要立即展开调查和行动。

警方开始调查玛赛拉的丈夫，想知道他们夫妻之间是否存在感情不和问题，同时，也更想弄清楚他为何放弃之前说好的旅行。可是，让警方感到奇怪的是，玛赛拉的丈夫不仅不愿接受当地警方的问询，也不想来芝加哥接受调查，后来，经过家人的几番劝说他才同意前来。

玛赛拉的丈夫向警方吐露道："我不想去旅行，是由于从小就害怕坐飞机。妻子提出旅行建议后，我不想当场否决她的建议。后来，我也没有与妻子认真地谈论这件事。当接到妻子的电话说她已经到芝加哥时，我只好说我不想去，所以就没有去和妻子会合。我不想接受警方的调查，是因为作为孩子的父亲被警方怀疑让我难以接受，更不想因此被众人指责。"

后来，警方经过调查得知，玛赛拉的丈夫确实从小就害怕坐飞机，他们夫妻之间也不存在什么感情问题。因此，警方排除了玛赛拉丈夫的嫌疑。

多利决定重新调查原来的证人——那名黑人搬运工。当警方再次将他请到警察局时，他再次陈述的线索也与当时所说的无异，而且通过了测谎。于是，警方也排除了他的嫌疑。

同时，警方鼓励玛赛拉勇敢地站在媒体前，用真情来呼吁更多的人帮助她。玛赛拉站在媒体前痛心而感伤地说："我是杰斯敏的妈妈玛赛拉，在圣诞前夜，我的女儿在芝加哥巴士站被人抱走。她只有 16 个月大，是一个非常懂事可爱的孩子。我爱我的孩子，希望她能够尽快回家，回到我的怀抱中。"

玛赛拉催人泪下的呼吁不仅让当时拍摄的记者眼眶泛红，也引起了很多市民的热切关注。举报电话蜂拥而至，大量的线索需要警方一一辨别真伪。

虽然正值圣诞节，但特警与 100 多名执法人员依然利用假期寻找孩子的下落，即使再小的线索，他们也要去探访和查询。不仅如此，警方还增派了搜救犬小组再次来到巴士站进行搜寻，一些执法人员开始进行地毯式的搜查，搜查各个旅馆、超市。可是，依然没有孩子的消息。

而在芝加哥郊区布罗德维尤的伊利诺伊威廉姆警察局，当探员菲弗像往日一样，正在看当天的报纸时，电话铃突然响起，警局的服务人员称，有一位女士在警局门口，想找当地的探员谈一谈，可能与绑架儿童案有关。

菲弗立刻走出办公室，看到有一个黑人女性提着包正在警局门口焦急地等待着。那个女人看到菲弗后，立刻走上前说："你好，警官，我叫帕翠莎·哈里斯，最近芝加哥发生的儿童绑架案，被绑架的好像就是这个孩子。"她一边说着，一边从包里拿出几张照片递给菲弗。

菲弗拿着照片与芝加哥警局提供的照片比对后发现，照片中的孩子确实非常相似。他立刻将帕翠莎带到办公室，对其仔细地询问："这些照片你是从哪里得到的？"

帕翠莎表情凝重地回答道："我的儿子德维尔斯曾因为吸毒而入狱几年，现在已经回家了。他回来没几天后，他的女朋友雪拉·马修来探访他，并称她与德维尔斯有一个孩子，一直都由她的妈妈照看着，过两天就送到芝加哥的巴士站，要我们一起去接孩子。”

菲弗问道：“你之前有没有见过那个孩子呢？”帕翠莎摇摇头：“没有，从来都没有见过。我感到这其中有古怪，也问过德维尔斯是不是真的和雪拉有个孩子，但德维尔斯说自己也不知道，说可能是在他服刑的时候雪拉生下的。圣诞前夜，我开着车带雪拉与德维尔斯去芝加哥巴士站。当时我和儿子在车里等着她，过了很长时间，才见到她急匆匆地抱着孩子从巴士站里跑出来。上车之后，她立刻对我说‘一切都搞定了，快走，快走’。我问她发生了什么事，她说她的前夫也在巴士站，刚刚一直纠缠她。”

菲弗接着问道：“你看见她的前夫了吗？”帕翠莎摇摇头回答道：“没有，她的话太奇怪了，怎么会这么巧她的前夫也在巴士站呢？更奇怪的是，她抱来的孩子没有任何行李，一般来说，这么小的孩子出门都会备有奶瓶、尿布等物品。除此之外，她抱来的孩子与之前她拿给我们看的照片上的根本不一样。”

菲弗看着帕翠莎家人与孩子的合影，问道：“这些照片都是你们拍的吗？她在家里还有什么奇怪的举动呢？”帕翠莎回答道：“是的，这些照片都是在圣诞节拍的。因为我们家的传统就是圣诞节要照全家福，可是她抱来孩子后却不让我们与孩子一起拍照片。后来，我对她说‘必须要拍，这是我们家的传统’，她才半推半就地同意了。不仅如此，她还将孩子的外套直接丢到了垃圾桶里，我说‘衣服脏了，洗好就可以穿了’，她却执意称不用了。等她回房间后，我把那件衣服捡了回来。”

帕翠莎说完，从包中拿出那件被雪拉丢弃的外套。菲弗拿着外套与芝加哥警方提供的资料比对后发现，这件外套正是杰斯敏失踪时穿的粉红色带帽子的外套。

菲弗立刻问道：“这个孩子现在在哪里呢？”帕翠莎回答道：“圣诞节当天下午，雪拉突然带着孩子与德维尔斯去了西弗吉尼亚的威廉姆森小镇，我这里有那边的地址和电话。”

帕翠莎临走之前还提供了一个重要线索：雪拉的脖子上有草体文身。

菲弗回到办公室后，立刻打电话将这一消息告诉了芝加哥警方，并将雪拉的照片发送了过去。接到这一重要线索后，特警与执法人员立刻出动。同时打电话让玛赛拉到警局辨认嫌疑人的照片。

当玛赛拉看到女儿杰斯敏与帕翠莎一家人的照片后，喜极而泣。知道女儿还活着，她的心里稍微宽慰了些，也燃起了希望。警员安慰她道：“不用担心，我们正在努力搜寻，有消息再随时通知你。”另外，玛赛拉也指认抱走自己孩子的女人正是照片中的雪拉。

可是，事情并不顺利，当警方调查雪拉的背景时，不禁被她的经历所震惊：虽然她自己已经有两个孩子，但她有偷盗儿童的历史。她偷孩子，只为留住身边的男人。

雪拉曾犯过两起案件：她曾经居住在华盛顿，帮助邻居照顾其 3 岁的女儿马睿拉·威尔斯。可是，一天不到，雪拉就与马睿拉一起消失不见了。后来警方调查后才知道，她伪造了马睿拉的出生证明等文件，将马睿拉当成自己的孩子抚养，并给她换了新的名字，然后带着这个小女孩找到男友，声称是他俩的孩子，并让他出钱来帮助自己。直到警察找上门，男友才知道雪拉偷盗儿童的事情。最终，雪拉因此被判刑 5 年。

可是，雪拉从监狱出来后又故伎重演。她新交了一个刚刚从监狱放出来的男友，并对其称，自己有了他的孩子。那个孩子是雪拉弟妹的孩子，她再次伪造了孩子的出生证明等文件。后来，她因为伪造罪被抓。

从这些资料中可以看出，雪拉·马修是一个惯犯。警方通过调查还得知，雪拉的精神有问题，情绪不稳定。这样看来，孩子在她手上是极其危险的。

因此，警方对雪拉下了通缉令，并与西弗吉尼亚威廉姆森的警方取得联系，与他们共同商议抓捕行动，希望能够尽快找到杰斯敏。

威廉姆森警局局长罗比·鲍勃接到电话后，先让调查人员查清楚雪拉的具体位置，然后派人对雪拉居住的房子进行调查，并让调查人员带着录音设备与望远镜在远处观察，尽量先不要惊动房子中的人。

当特警与芝加哥的警员到达后，他们先了解了房屋正面和侧面的构造，制订攻破计划。因为他们还不清楚房子的内部构造，所以行动必须非常谨慎和小心。另外，由于雪拉精神有问题，若是她发现有警察出现，有可能会伤害孩子。因此，他们必须制订周密的计划，防止孩子陷入危险。

正在商议时，在房子对面监视的人员发现，从房子里走出一个黑人男子，好像要去丢垃圾，过了一会儿，他又返回了房子。然后，监视人员又看到雪拉从窗口经过，站在窗前向外看了一眼。

特警与其他警员兵分两路，一部分人从前门进入，另一部分人则包围后门。特警先不紧不慢地敲了敲门，但无人应答。于是，他们破门而入。

在卧室，特警制伏了正欲跳窗而出的雪拉。当他们搜查房间时，一个黑人男子出现在走廊上，特警端着枪指着他道："我是警察，举起手来，不要动。"当特警正要往前走时，一个孩子出现他与男子中间的走廊上。特警很紧张，担心孩子会被男子当成人质。他慢慢地走向前，一手端枪指着那名男子，视线一直不离开他，一只手则去抱起孩子。当他抱起孩子后，后来的警员立刻上前制伏了那名男子。

这个孩子正是玛赛拉的孩子，16 个月大的杰斯敏。当警方通知玛赛拉这一振奋人心的消息时，玛赛拉喜极而泣，急忙坐飞机赶来威廉姆森。那名黑人男子就是德维尔斯，但他对雪拉偷盗孩子的事情一无所知。最终，雪拉因为绑架案被判处 12 年 6 个月的监禁。

鉴证专家

犯罪心理痕迹

犯罪心理痕迹是指犯罪嫌疑人实施犯罪的过程中在心理上留下的迹象。它既有客观性，又有依附性。犯罪心理痕迹能够间接地反映在犯罪现场所遗留的痕迹中，通过这些线索，调查人员能够基本构建出嫌疑人的性格特征，从侧面推动调查。

第五章

遗落在现场的手机——横尸湖畔的少女

凌晨五点半，一个电话打进了 911 报警中心："你好，我在达拉斯市白石湖附近听到了枪声，并在湖边发现了一具女尸。"接到这一消息后，探员尤金·雷耶斯立刻驱车前往事发现场。

随后，警官鲍勃·艾马廷格与肯·彭罗德也来到犯罪现场。他们立刻让警员封锁现场，请勘测组的同事前来调查取证。勘测组先是对犯罪现场进行拍照，然后对受害者进行观察和取证。死者是一名 24 岁左右的女性，白人，身穿 T 恤衫和蓝色牛仔裤，头部中枪而亡。经过测量尸体肝温发现，受害者死亡时间是凌晨 5 点左右。最后，他们将犯罪现场的证物一一放在证物袋中带回实验室化验和提取指纹。

在离受害者尸体不远处的地方，勘测组人员还发现一枚子弹壳。艾马廷格观察弹壳后推断，受害者被打中一枪后想要逃跑求生，可是紧接着头部又中了一枪。在离尸体不远处，勘测组人员还发现了一部手机。他们戴上手套，用软毛刷蘸取少许的粉末，轻轻地将粉末掸在手机上，希望能够提取到指纹，可是这部手机上竟然没有指纹。艾马廷格认为，手机里肯定有联系人，可以通过寻找受害者认识的人来确定她的身份。

当艾马廷格拿着手机翻看电话联系人时，发现联系人中有"妈妈"这个条目。艾马廷格立刻拨通了电话："你好，我是警察鲍勃·艾马廷格，我们在案发现场捡到了你女儿的手机。"电话那端传来惊讶的声音："不会吧，我的女儿维琪正在家看电视呢。”艾马廷格立刻意识到，这部手机可能并不是受害者的手机，他需要与这部手机的主人维琪谈谈，看看能否获得线索。

在电话中问清楚地址后，艾马廷格让雷耶斯与彭罗德将维琪带到警局协助调查。

在审讯室，艾马廷格拿着在案发现场捡到的手机问道：“这是你的手机吗？”维琪点了点头，艾马廷格接着问道：“你的手机什么时候丢了，丢在哪里了？”维琪摇了摇头回答道：“不记得了。”鲍勃又问道：“你昨晚在哪里？与什么人在一起？”维琪迟疑了一下，话到嘴边又咽了下去。

艾马廷格见此，没有接着询问她，而是转换了一种说话方式：“你应该已经知道，今早在白石湖边有一个 20 多岁女孩遇害的事情了吧？如果换成是你躺在那里，你的母亲知道后会怎样呢？所以我们需要尽快抓到凶手，给那个女孩的母亲一个交代。”

听到这些，维琪才抬起头说：“昨天晚上，我与朋友莫妮卡一起参加派对。派对结束后，我们就开车回去了，后来在加油站下车去了一趟卫生间。我洗手的时候，把手机放在洗手台上，可能是在那个时候丢的。”

艾马廷格对她所说的话有些怀疑：“你说的都是真的吗？”维琪没有直视艾马廷格的眼睛，而是低着头回答道：“是的。”艾马廷格又问道：“湖边的那个女孩你认识吗？”维琪回答：“不认识。”

从审讯室出来后，艾马廷格与其他几名警员讨论刚刚审讯维琪的经过。通过观察审讯室中的监控，他们一致认为维琪在撒谎，而且似乎试图隐瞒什么。手机恰巧丢在案发现场的概率太低了，怎么解释也说不通。

于是，艾马廷格让雷斯蒂与雷耶斯去找到维琪提到的莫妮卡，求证维琪所说的话是否属实。

雷斯蒂与雷耶斯根据地址找到了莫妮卡家，开门的正是莫妮卡。雷斯蒂问她："你认识维琪吗？"莫妮卡回答道："认识，她是我的朋友。"雷斯蒂接着问："你们昨晚去了哪里？"莫妮卡回答道："我们参加了一个派对，回来的时候将车停在了湖边，然后我们下了车坐在湖边聊天。"雷斯蒂立刻问道："哪个湖？"莫妮卡回答道："白石湖。"

雷斯蒂立刻打电话将这一信息报告给艾马廷格，艾马廷格吩咐道："你们带着她去白石湖，让她告诉你具体在哪个区域、哪个位置？是否在案发现场附近？"

于是，雷斯蒂与雷耶斯将莫妮卡带上车。在车上，雷斯蒂问道："你们当时将车停在哪里？"莫妮卡回答道："当时我们把车停在了一座装有很多灯的桥上。"

当他们到了白石湖后，莫妮卡下车告诉雷斯蒂与雷耶斯她们当时停车的位置。雷斯蒂又问道："你们走了多远，大概在什么位置呢？"莫妮卡一边走一边指着某个地方说："大概就在这个位置。"

雷耶斯将雷斯蒂与莫妮卡的对话一一记录下来，然后交给莫妮卡签上自己的名字和日期，并拍下照片。而雷斯蒂则将这些情况汇报给艾马廷格。

于是，艾马廷格再次审讯维琪："刚刚我们的警员已经问过莫妮卡，她说你们去了白石湖边。"

"是的。"维琪回答道。

"为什么第一次录口供的时候你没有提及去湖边呢？"艾马廷格提出了心中的疑问。

"因为我不想伤害莫妮卡。"维琪说完低下头。

"什么意思，为什么不想伤害她？"鲍勃紧接着问道。

“因为莫妮卡喜欢我的女伴，而我的女伴并不喜欢莫妮卡。因此，昨晚我们在湖边聊了很久。”

这时，艾马廷格才知道原来莫妮卡是同性恋，维琪不想将这一事情告诉其他人。

“你女伴的名字叫什么？长什么模样呢？”艾马廷格接着问。

“她叫罗茜，有一头金黄色的头发，皮肤比较白。”

听完维琪的描述，艾马廷格感觉罗茜与受害者很像，都有一头金黄色的头发，皮肤比较白。他想从维琪的口中获取更多的信息。于是，他接着问道：“罗茜去哪儿了，你知道吗？”维琪回答：“不知道，那晚分开后我就没有见到她。”艾马廷格观察维琪，她的表情不像是在说谎。

此时，雷斯蒂与雷耶斯将莫妮卡带到了警局。艾马廷格接着问莫妮卡关于罗茜的事情：“你和罗茜什么关系？最后见她是什么时候？”莫妮卡回答道：“我喜欢罗茜，但是从维琪的口中得知，她并不喜欢我，因此我不会再去骚扰她了。最后一次见她就是在那次聚会上，之后再也没有见过。”

艾马廷格问：“你们最后一次通话是什么时候？”莫妮卡回答道：“昨天早上，就是想告诉她我以后不会再骚扰她了。”

获取到罗茜的电话和地址后，艾马廷格让警员赛耶与里克前往罗茜家中，弄清楚湖边的遇难者到底是不是罗茜。

当他们敲响罗茜家的门时，开门的是一个有金黄色头发的女孩，赛耶自报家门后问道：“请问你认识罗茜吗？”女孩回答道：“她是我妹妹。”

“你最后一次见她是什么时候？”赛耶接着问道。

“昨天晚上大概十点半左右。”女孩回答道。

“今天早上有没有再见过她呢？”赛耶继续询问。

“没有，我不知道她去了哪里。”女孩回答道。

“你有没有罗茜的照片？”赛耶问道。

“没有。”女孩摇摇头。

“我们现在要给你看一张照片，你要做好心理准备，看看这张照片是不是罗茜？”赛耶说完，拿出那名受害者的照片。

“这不是罗茜。”女孩看完照片后回答道。

于是，赛耶将这一情况汇报给艾马廷格。这时，艾马廷格与其他几名警员意识到，这些女孩与这起谋杀案没有任何关系。虽然在犯罪现场发现了手机这个线索，但这纯粹只是巧合。这让他们很沮丧，但是他们还要继续调查。

第二天，艾马廷格将遇害者的信息发送到各个市区的警察局，让他们注意一下最近有没有失踪的人与死者长相符合。同时，也将这一信息通过媒体宣传出去，让更多的市民提供线索。

不久，警员雷斯蒂接到一个电话，有位举报者称自己的朋友失踪了好几天，不知道受害者是不是她的朋友。于是，雷斯蒂立刻驱车前往举报者的家中。但是，当得知她的那位朋友身上有多处文身时，雷斯蒂安慰她道：“真是万幸，你的朋友没事，希望你能尽快联系到她。”

由于受害者的身份还是个谜，警方的调查工作无法开展下去。于是，艾马廷格提议，如果没有外在的线索，可以从受害者的身上寻找线索。

他们仔细查看了勘测组递交过来的照片，发现遇害者身上穿的 T 恤衫很特别，好像是某种活动的专用 T 恤衫。于是，警员帕墨根据 T 恤衫上的图案在网上搜索。经过调查得知，那是凯瑟琳湖龙舟比赛的专用 T 恤衫。这一线索立刻将他们的搜索范围缩小了，因为参加比赛的成员有限，调查起来也比较容易。

帕墨在凯瑟琳湖龙舟赛的网站上发帖，发布关于在白石湖有人遇害的信息，希望有网友能给他们提供有用的线索。

随后，艾马廷格接到了阿肯色州龙宁县警察局的电话，说他们那里有一个女孩失踪了，警局里有那名失踪女孩的指纹。于是，艾马廷格立刻让警员赛耶与里克带着受害者的指纹前去阿肯色州与失踪女孩的指纹进行比对。

到达阿肯色州龙宁县后，他们将这两个指纹送到鉴定组进行鉴定。鉴定组的玛丽先用鉴定指纹的专用放大镜观察失踪女孩与受害者的指纹纹路是否相同，然后再进行反复比对。通过鉴定发现，这两个指纹来自同一个人。

得到这一消息后，赛耶立刻打电话给艾马廷格："受害者名叫克里斯朵·詹尼斯，今年 25 岁，住在阿肯色州埃尔多拉多。"确认遇害者的身份后，艾马廷格与彭罗德一起驱车赶到龙宁县警察局，深入调查到底是谁杀害了克里斯朵。

通过当地警员马克·托马斯的介绍，他们得知克里斯朵·詹尼斯经常与一些小痞子住在一起，那些人都是毒贩，而她的男友拉韦尔·埃文斯也因为走私毒品受到指控。

艾马廷格问托马斯："他们的家人也住在这个地方吗？"托马斯回答道："是的，他们都住在这里。"艾马廷格接着说："希望他们的家人能够给我们提供有用的信息。"托马斯说："克里斯朵的姐姐菲利希亚与母亲特里萨可能会提供我们所要的信息。"

第二天早上，艾马廷格与彭罗德一起去了克里斯朵家，艾马廷格对克里斯朵的姐姐菲利希亚说："非常抱歉，给你们带来一个不好的消息，你们失去了一位家庭成员。我们一定会找到杀害她的凶手，所以希望你们能够提供帮助。请问你最后一次见克里斯朵是在哪里？”菲利希亚回答道：“在家里，她对我说拉韦尔打电话约她在地铁站见面。后来，我就看见她开车出门去了。”

克里斯朵的母亲特里萨伤心地说：“克里斯朵最近遇到很多麻烦，她们因为毒品而被指控，但是拉韦尔让克里斯朵承担全部责任。我们经常劝她不要再和拉韦尔混在一起，要站出来指控拉韦尔。后来克里斯朵答应了，但是她因此受到了很多威胁，被警告说如果出庭的话，就让她在这个世界上消失。”

从克里斯朵家出来后，艾马廷格接到了龙宁县警察局提供的一条重要线索：在克里斯朵被杀害的那周，拉韦尔因为携带武器而被软禁，后来警方让他戴上了一条装有电子监控的手链。可是，在克里斯朵被杀害的那天，也就是 7 号凌晨 5 点 05 分，那个监控系统被强行停止了，直到第二天早上，也就是 8 号早上的 9 点 54 分才重新开始工作。

这一线索让艾马廷格等人如获至宝。因为报警电话是在五点半打进 911 报警中心的，他们推测拉韦尔在杀害克里斯朵后，完全有充足的时间开车从达拉斯回到阿肯色州。

现在，拉韦尔正因违反了电子监控设备的使用原则而被关押在监狱中。艾马廷格决定在与他谈话之前，先找到拉韦尔在达拉斯的熟人调查情况，这会对案情有很大的帮助。

通过调查得知，拉韦尔有一位名叫洛克的朋友，是达拉斯人。于是，艾马廷格打电话给达拉斯的警员，让其帮忙寻找洛克的下落。很快，保罗 · 艾尔西警员找到了洛克，并取得他的同意将其带到警局协助调查。

“你认识拉韦尔吗？知道为何请你来这里吗？”艾尔西问道。

“认识很久了。我舅舅打电话给我说，警方找我调查一个失踪女孩的事情。”洛克回答道。

“你认识那个女孩吗？”艾尔西接着问道。

“认识，但我记不得她的名字。”洛克答道。

“你有没有做过伤害那个女孩的事情呢？”艾尔西继续追问。

“没有，我没有做过。”洛克答道。

“上周末拉韦尔有没有和你联系呢？”艾尔西又问道。

“有的，在上周末早上我起床的时候看到手机有 3 个未接来电，是拉韦尔打来的，在凌晨四五点钟。”洛克想了想回答道。

“他之前有没有在凌晨给你打过电话？你感觉他这个时间打电话正常吗？你有没有打回去？”艾尔西一连问了几个问题。

“没有，他之前都没有这样过。这个时间点打电话肯定不太正常，也不像他的作为。我打回去问他发生了什么事情。他在电话那端说‘天哪，我不想再回去了，他们会再给我判 20 年的’。我感觉他很紧张，因为我的电话刚打过去他就接起来了。”洛克一一回答艾尔西的提问。

“他有没有告诉你他在哪里？有没有提及他与克里斯朵在一起？”艾尔西又问道。

“没有，但我感觉他可能在家里吧。他很生气地说‘克里斯朵要指认我’。”洛克回答道。

艾尔西将这一情况报告给了艾马廷格，这让艾马廷格等人更加确定拉韦尔就是杀害克里斯朵的真凶。但这只是推测，他们需要足够的证据来证实推测。于是，他们一方面开始着手调查拉韦尔的通话记录，另一方面将拉韦尔带到审讯室录口供。

进入审讯室，艾马廷格主动打起了招呼：“你好，拉韦尔，我是艾马廷格警官，我要告诉你一些事情，希望你来作评价。”但是拉韦尔说：“我的律师告诉我，在他没来之前不要回答任何问题。”艾马廷格只好无奈地苦笑了一下。但是他看出拉韦尔非常紧张，因为他的嘴唇在不停地抖动。

几个小时之后，艾马廷格得到了有力的证据：通过调查拉韦尔的通话记录得知，案发当天他打出去的电话分别是在 4 点 48 分、4 点 49 分、5 点 07 分，这些电话都是打给他的朋友洛克的，与案发的时间非常吻合。

同时，拉韦尔的通话记录也显示他在打出这些电话时，位置就是在达拉斯白石湖。也就是说，他在案发时间出现在了案发地点。但是，他的活动范围限制是不允许他出现在达拉斯的。

最终，拉韦尔以一级谋杀被起诉，被判终身监禁。

鉴证专家

尸体肝温

尸体肝温是指在犯罪现场，调查人员通过测量尸体肝脏的温度而判断受害人的死亡时间。人在死后体温会下降，而肝脏居于人体内部，不太容易受到外界温度变化的影响，所以这种方法可以得到比较准确的结果。

一般来说，测量尸体肝温时，需要在尸体肝部的位置开一个小口，将温度计放入其中。

不过，现今这种方法使用得越来越少，更多采用测肛温。因为测量肝温需在死亡初期进行，而且会对尸体造成一定的损坏，而测肛温则不会。

第六章

凶残的邻居

——医院护士失踪案

在阿拉斯加安克雷奇市警局，一位名叫格里·亚特的女士前来报案，说自己相识18年的好朋友，52岁的明迪·鲁斯失踪了。本来她们约好周末一起吃饭的，但是明迪没有准时赴约，打她的电话也无人接听，去她的住所也找不到她。平日里，明迪如果不在家，就会拜托自己照顾她的猫，而这次却没有，这让她感到异常。周一，她特意打电话给明迪的公司主管，但主管称明迪当天并没有来上班。

帕姆·佩勒努有着5年处理凶杀案的经验，接到这一案子后，她首先了解了明迪的背景资料：明迪是一家精神病院的护士，刚来安克雷奇市没多久，独自居住。她每隔一周都要开车到360公里以外的费尔班克斯上班，从来没有旷工过。平时，她经常与好友格里相聚，去果园摘草莓，做成果酱送给其他人。

通过调查，帕姆得知明迪是一位非常有责任心且很热心的人。朋友也反映，她非常守时，如果提前与别人约好，是绝对不会临时不赴约的。而这次本来在周一安排好了病人，但她却没有上班。

随后，帕姆让格里带她去明迪的住所看一看。走到房子门前，格里觉得很奇怪："这把门锁之前没有问题，现在却不知为何这么松动，但依然可以使用。"进入房子后，格里又说了几件不寻常的事情："明迪如果不在家的话，出门之前是会将电脑关上的，但是我来找她时，电脑却是打开的。

我给她做的有星星月亮图案的围裙是她非常喜欢的，现在却被扔到了垃圾桶里。车库是空的，一般来说，她不上班时车都是停在车库里的。”

于是，帕姆让调查小组对明迪的房子进行常规检查，但是没有发现任何可疑的线索，更没有强行闯入的迹象。

帕姆与其他警员调查明迪的出入登记记录，发现她近几天并没有出行，这表明她还在安克雷奇市。但是，当帕姆查询明迪的银行记录时，发现她的账单明细有些不正常。在她失踪的第二天凌晨，她的账户在两家不同银行的取款机上分别被提取了 500 美元。

帕姆立刻查看这两家银行凌晨的监控录像，从录像中可以看到，取钱的人并不是明迪，而是一个白人男性，头上戴着一顶棒球帽，用头巾遮住了鼻子和嘴巴，以掩藏自己的真实面目。

通过这一线索，帕姆意识到明迪可能身处险境，因为她的银行密码已被他人获取，很有可能是强行逼迫而获得的。帕姆立刻向上级部门求助。

破案专家麦克·拖雷松负责接手这一案件。他再次仔细观看了银行监控录像，从录像中可以看到嫌疑人穿着蓝色的外套，背着一个黑色的背包。他在取款机旁来回走动了 4 次，可能是由于银行卡被卡住了，他想从取款机中拿回银行卡，因为银行卡中有 2 万美元。

麦克反复观看录像时，发现当时有一个目击证人，他没有任何伪装，表明此人不是嫌疑人的同伙，他取完钱后就匆匆离开了。

于是，麦克开始着手调查，但是线索很少，只能从原点开始查起。麦克深知，时间拖得越久，明迪就会越危险。

在明迪失踪的第 5 天，警方开始进行地毯式搜寻，将搜查的范围不断地扩大。警探约琳·戈登询问明迪的所有家人和朋友，希望找到明迪失踪当天见过她的人。

虽然在调查的过程中陆续出现过一些怀疑对象，但最终都被警方一一排除了。比如，明迪的前男友在明迪失踪那天正在另一个城市；明迪曾让家庭承包商来修补家具，有两名工人曾在明迪失踪前见过她，其中一人有犯罪前科，但经过调查，他们也都没有犯罪时间。

不久，明迪有个朋友在安克雷奇国际机场的停车场中发现了明迪的汽车。警方立刻调出监控录像，但由于监控器所在的位置比较远，只能看到明迪的车被开进停车场后，有一个男人背着书包从车里走了出来，根本看不到面容。因此，这条潜在的线索也断掉了。

潜在的线索没有了，警方需要寻找外在的线索。他们让勘测组的同事对汽车进行搜查取证。在车里，调查人员发现了明迪的钥匙、钱包，但唯独没有银行卡。随后他们用细毛刷在汽车的方向盘、换挡杆上刷上一层细细的粉末，以此来提取指纹样本。紧接着，他们用一块干净的纱布将汽车座椅缠上，以提取嫌疑人的气味痕迹。

但是这些证据的最终检测结果尚需要几周的时间才能出来，而他们既没有时间等，也没有条件等。约琳继续深入调查，并向证据搜寻小组寻求帮助，希望能够借用气味搜寻犬来辅助工作，因为它们既能搜寻嫌疑人，又能搜寻尸体。于是，相关部门负责人雷克斯·斯托克姆带来了 5 条气味搜寻犬，将搜寻的范围进一步扩大。

另一边，帕姆也在深入调查明迪的邻居，希望能够从中得到有关明迪的线索。当她询问居民凯西·伊斯丽时，凯西很紧张，她做出很夸张的手势称自己什么都不知道。看到这种情况，帕姆知道凯西是想说什么事情但又不敢讲。于是，帕姆在离开时递给凯西一张名片，告诉她如果想起什么可以随时给她打电话。

帕姆回到车上，但刚走没多远就接到一个陌生电话：“你好，帕姆·佩勒努探员，我是凯西·伊斯丽。”从凯西的口气中听得出来她很紧张，帕姆知道她有话对自己说，就安慰她说：“别害怕，慢慢说。”

电话那端的声音仍然很急促：“在你没来之前，我隔壁的邻居韦德敲响了我的门，并对我说‘如果有人来问你什么问题，你就说不知道’。看着他凶狠的表情，我连连答应说‘好’。后来，你来询问时，我实在太害怕了，而且我看见他就在窗边监视我，所以没敢把这事告诉你。如果你要了解什么问题，请不要在家里询问我，我害怕他会做什么对我不利的事情。”

帕姆继续安慰道：“没事的，凯西。我不会再上门打扰你，你放心。如果你有什么危险，随时打电话告诉我。”

这通电话让帕姆警觉到，这位邻居韦德是不是与明迪的失踪案有关呢？即使无关，他也肯定知道些什么。于是，帕姆一方面对凯西的那位邻居进行调查，另一方面将自己所得的线索告知同事。

在明迪失踪 12 天后，警方决定从银行开始查起，并将气味搜寻犬也带了过来。他们先让搜寻犬在自动取款机附近闻了闻，然后拿出汽车内提取的气味物品让它们闻，搜寻犬立刻做出了反应，好像在说“我闻到的气味正好与取款机附近的气味类似”。随后，搜寻犬一路循着这个气味来到了明迪的房子附近。它先在四处闻了闻，然后在两座房子的栅栏中间停住，又抬起鼻子在空中嗅了嗅，然后绕过栅栏走到了韦德家的侧门。

让约琳惊讶的是，当第二条搜寻犬循着气味搜索后，它最终也停在了韦德的家门口。约琳推定韦德肯定与明迪失踪案有关，于是她开始调查韦德。

此时，距离明迪失踪已经有两周的时间了，她生存的希望也越来越低。帕姆与约琳在调查的过程中发现，之前调查时，明迪的朋友以及认识她的人都被排除了嫌疑，但唯独这个邻居韦德没有被排除。经过深入调查发现，他与另一宗妇女失踪案有关。

4年前，在阿拉斯加有一个33岁的女人黛拉·布朗失踪了。她的家人和朋友都称她的性格非常好，与很多人都谈得来，待人和善，总是微笑示人。但唯一不好的是，她喜欢酒精与毒品。

后来，有人在安克雷奇一个偏僻的小房子中发现黛拉的尸体。这个小房子以毒品、嫖妓而在小镇上出名，很多毒贩都会聚集在这里吸毒。小房子看起来非常不起眼，所以一般很难引起外人注意。

当时，警方发现黛拉死得相当凄惨，面部和头部被打得面目全非。为了不让黛拉的家人担心和引起市民的恐慌，警方没有将她的这一死状公之于众。在事发地点，警方发现了很多石头，由此推定凶手可能是用石头击打受害者致死的。

除此之外，警方没有任何的线索，调查起来很被动。他们先是怀疑黛拉的男友，他曾因为殴打黛拉而被捕，但是他有不在场的证据，因而被解除了嫌疑。后来，有人提供线索称，在黛拉死前的几个小时曾看到她从韦德家的侧门经过，而且韦德被捕时穿着的带帽子的运动衫上都是血，经过警方化验确定正是黛拉的血。

可是，在法庭上面对警方的指控时，韦德的律师却称，韦德身上的血只是不小心被黛拉的尸体绊倒而沾上的。由于没有目击证人，而那些提供线索的人都曾有过犯罪记录，出庭做证的话也会被起诉，因此，法庭最后只能以伪造铲子作为犯罪证据将韦德判刑 3 年。面对这一结局，当地警方和黛拉的亲人都非常无奈。

如今，韦德又卷入了一起妇女谋杀案，这引起了警方对他的高度关注。摆在他们面前的首要问题是：在取款机前取钱的那个人是不是韦德呢？关键还是那位在银行取钱的目击证人是否能够指认出来他。

于是，警探麦克与约琳花了很长时间去寻找那位目击证人。功夫不负有心人，他们终于找到了他，但遗憾的是，那位目击证人称，由于当时是凌晨，天色比较暗，他看不到那个人的面容。

这让警方的线索再次断掉了。正在他们一筹莫展之际，一位叫作蒂娜·格蕾丝的女士称，她的女儿克里斯蒂娜与韦德是朋友，经常与他一起出去玩。当她听女儿说起有关他的事情后，感觉他的行为非常怪异。在明迪失踪两周后，克里斯蒂娜载着韦德回家。得到这一线索后，警方申请了搜查证，对韦德的房间进行了搜查。

经过搜查，警方在韦德的衣柜中发现一件蓝色的外套与取款机监控录像中的一模一样，而且在衣服口袋中还发现了一张自动取款机的收据，上面显示的正是从明迪账户上取的钱。在抽屉中警方还发现了一只女士金表，后来经明迪的朋友证实那表是明迪的。警方将这些证据一一放进了证物袋中。

除此之外，警方证实了在汽车内提取的气味样本正是来自韦德的物品，因为他们在他的外套中提取到了同样的气味。

因此，安克雷奇警方将目标锁定在韦德身上，但他们还没有足够的证据起诉其谋杀。目前他们所掌握的证据只能指控他盗用他人的银行卡以及银行欺诈，而这些罪行只能判他两年监禁。

但是警官麦克认为，这两年的时间足够他们找到明迪的尸体。因为从目前的种种情况来看，明迪已经凶多吉少了。因此，他们必须先逮捕韦德，以防他溜掉。

于是，在明迪失踪 3 个星期后，警方发出了对韦德的逮捕令。警察一方面进行地毯式搜查，另一方面通过媒体发布抓捕韦德的消息。

韦德的朋友克里斯蒂娜与母亲在家看新闻时，看到了电视里警方公布的监控录像，她一眼就认出了那正是韦德，因为他所背的包正是自己送的。对此，克里斯蒂娜感到非常震惊。自己身边的朋友竟是警方通缉的嫌疑犯，而自己还开车载过他！

克里斯蒂娜突然想起韦德的那个包还在自己汽车的后备厢中，便将这件事告诉了母亲，母亲急忙与她去车库取。她们打开汽车后备厢拿出那个包后，发现里面有一张身份证、一个钱包、很多银行收据，还有一部手机，手机中有手枪的照片。这让克里斯蒂娜很害怕，原来自己的朋友竟是这样一个危险的人物。于是，母亲立刻让克里斯蒂娜将她所知道的情况都告诉警方。

可在第二天，当克里斯蒂娜驱车到达东部安克雷奇的公寓中时，发现韦德竟在那里。她感到非常害怕，不知道该如何面对他，只能在心里不断地告诉自己："不要紧张，不要害怕，就当什么事都没有发生。"

她强装镇定，走向前对韦德说："你怎么来我这里了呢？有什么事情吗？"韦德回答道："你现在可以载我去瓦西拉吗？我有事要处理一下。"克里斯蒂娜想拒绝他的请求，但不知道应该找什么样的借口。

这时，她想到卧室里有包烟，就对韦德说："先等一下，我去卧室拿包烟，让我抽支烟再说。"她立刻走进卧室将门反锁，并背靠在门后面，以清楚韦德在屋外的动静。当她听到韦德去卫生间时，立刻打电话报了警，告诉警方韦德所在的位置。

谁知，克里斯蒂娜刚走出卧室，就发现韦德正站在卧室门口，他青筋暴露，手攥成拳头，恶狠狠地瞪着克里斯蒂娜道：“我们是朋友，你为什么报警？”克里斯蒂娜又紧张又害怕地说道：“你现在是警方通缉的对象，自首才能减轻你的罪行。”韦德却不为所动，与克里斯蒂娜进行了激烈的争吵后怒气冲冲地离开了。

此时，克里斯蒂娜突然意识到，不能再让韦德跑掉了，否则他只会害更多的人。于是，她尾随其后，并随时打电话给警方告知韦德的确切位置。

气急败坏的韦德敲响了一家住户的房门，想要强行进入房间并使用电话。这间公寓中住着一对兄妹，韦德想要妹妹留下做人质，方便自己控制，就用枪指着这对兄妹说：“男的赶紧离开，女的不许走，否则我杀了你们。”

这时，负责行动的警察都已就位。当他们知道韦德手中有人质，并且不清楚韦德手中是否有武器时，不敢轻举妄动，以免伤害到人质。于是，警方一方面将周围封锁起来，禁止车辆从这里通过，并遣散附近的居民，另一方面则让谈判专家来与韦德进行谈判，说服其自首。

经过 5 个小时的谈判，韦德知道自己已是穷途末路。最终，他决定自首，先将人质放出来，然后乖乖地从房间里走了出来。

警方将韦德带回去调查，他们需要韦德认罪才能起诉其谋杀，否则，只能起诉他银行欺诈罪。但韦德三缄其口。无奈之下，警方只能起诉韦德犯有银行欺诈罪，将其关押在安克雷奇监狱中。

在明迪失踪一个月后，一个伐木工人打来报警电话称：“我在安克雷奇北部发现了可怕的东西，当我走进树林时，发现了一具尸体。”于是，警方立刻赶往事发现场。

到了事发现场后，他们发现有一具尸体已被焚烧。于是，警探麦克立刻让手下封锁现场，并对现场周围进行搜查。在尸体附近，他们发现了一枚子弹和子弹壳，勘测组的同事用镊子将其夹起来放入证物袋中。当约琳将搜寻犬带到此处时，它们的反应表示韦德曾经出现在这附近，这让警方初步推断这具尸体可能就是明迪。

但由于尸体已经烧焦，无法辨认其面目，勘测人员只好将尸体带出去化验分析。后来，通过对尸体的牙齿分析，发现此具尸体正是明迪的。同时，他们将从明迪的尸体上提取的指纹样本与明迪汽车中的指纹对比后发现，韦德曾经开车来过这里。

面对这些铁证，韦德最终坦白了自己的罪行：他知道邻居明迪独居，因此，在一个月前的那个凌晨，他决定入室抢劫。他将刚刚发送完邮件准备睡觉的明迪绑住，并逼她说出银行卡密码。随后，他用衣服塞住明迪的嘴巴，把她带到车库推进后备厢中，又驱车到达安克雷奇北部树林中的一个死角，将她从车里拉出来，从小路穿过，将她带到一处空地上，并对她的头部开了一枪。

随后，他又返回明迪的家中，将犯罪痕迹清理掉。临走之前，还偷走了她的手表。接着，他去银行的自动取款机上取走了明迪账户上的钱，并返回树林焚烧明迪的尸体以掩盖罪行。

另外，韦德也承认自己在 4 年前杀死了黛拉。最终，韦德因谋杀罪被判 99 年监禁并不得假释。

鉴证专家

气味痕迹

气味痕迹是在犯罪现场中存在的一种无形痕迹，可以协助警方获取更多的证据，从而有助于破案。

提取气味痕迹的方法包括：

1. 热蒸提取法。当在犯罪现场发现足迹时，可以将干净的纱布平铺在足迹上，然后在纱布上放置一块干净的玻璃来压住它，再在玻璃上放置一个热水袋（或是在饭盒中加入热水也可以），通过加热使气味快速地蒸发到纱布上。

对除足迹以外的物品提取气味，也可以用干净的纱布。在使用前，先将纱布用热气蒸热，再用它摩擦留有气味的物体，让其沾上同样的气味。

2. 实物提取法。犯罪现场若有手套、帽、鞋等遗留物，一般来说，都要使用新的塑料袋将其装好，以防止气味混淆。而对于一些不易提取的物品，可以在犯罪嫌疑人接触过的重点部位缠上干净的纱布，使气味沾在纱布上。

第七章

『老奶奶杀手』——错综复杂的连环谋杀案

午后，田纳西州纳什维尔市的人们正在享受快乐而温馨的时光，大人们在街角谈笑着，小孩子则在公园中跑来跑去，一切看起来都是那么祥和而美好。

82岁的希尔太太如同往常一样，从购物中心返回家中，她拄着拐杖，从街道的俱乐部经过，慢慢地朝家的方向走去。当她走进公寓楼，打开门刚要进屋时，一名男子突然从后面袭击了她……

接到报案后，探员麦克·哈根与几名同事立刻驱车来到现场，但是发现现场刚刚被清理了，这让麦克很是诧异。经过查访得知，原来是几名男孩发现了希尔太太，以为她是不慎摔倒的，于是急忙打电话将其送到医院，但她最终不治而亡。后来，他们又帮助公寓管理人员将现场打扫干净。

事实确实如此，麦克接到的报案电话正是从医院打来的，一位医生声称刚刚被送来的一位患者好像不是跌倒身亡，而是被什么重物击打脑部致命的。

当麦克找到几位男孩询问他们所看到的场景时，一个男孩回答道："当时，我们几个刚刚打完球回来，正准备上楼时，却发现希尔太太家的房门开着，就好奇地走了过去。刚走近就看见希尔太太跌坐在地上，身体靠着门框，头部有很多血，血把门框都染红了。"

麦克一边记录，一边问道："除此之外，你们还有什么发现吗？"另一个男孩回想了一下回答道："她的包是敞开的，但是里面没有一分钱。"

随后，麦克与几位同事一起到公寓楼的附近询问是否有人看到过可疑的人。但调查之后发现，没有任何人看到可疑的人。虽然这个公寓离街道仅有十几米远，但是凶手极其狡猾，犯案后没有让任何人看到自己，也没有在犯罪现场留下任何证据。

麦克感到这起案子很棘手，因为犯罪现场已被完全破坏，无法提取到任何有用的指纹和证据，他只能将希望寄托于受害者的尸体，希望法医能够从尸体上获得有用的线索。

法医约翰·达弗洛对死者进行尸检后发现，希尔太太的脑后有一处伤口，颅骨位置有一处骨折。根据这些发现，约翰判定这并不是跌倒造成的伤痕，因为人如果向前跌倒，身体会不由自主地将头转向一侧，这是基本的反射动作。如果是仰面跌倒的话，则会伤到后脑勺，而不会出现这样的伤痕。因此，他断定希尔太太是因遭到他人的袭击而身亡的。

警长丹尼斯·奥图尔也火速赶到鉴定科，在观察尸体时，他发现受害者的裤袜被脱掉了。当他询问麦克有没有在案发现场发现裤袜时，麦克却称没有发现。法医检查过受害者的身体，没有发现被性侵的迹象。

这让案件陷入了僵局：犯罪现场被破坏，没有线索和证据，虽然死者脑部的伤痕可以断定是被钝器所伤，但他们无法展开任何调查。

不曾想，正在警方一筹莫展之际，又一起相似的命案发生了。同样是在这栋公寓楼中，85 岁的布朗夫人从购物中心返回家中，从邮箱中拿出几封邮件，刚准备将没用的邮件丢到垃圾桶时，被人从后面袭击了。

接到报案后，丹尼斯与探员麦克立刻驱车赶到案发现场。他们到了犯罪现场发现，布朗夫人穿着红色的大衣躺在血泊中，大腿赤裸着，可能被性侵，但是经过勘测组调查发现并非如此。脱掉的裤袜勒在受害者的脖子上，导致她窒息而亡。而她的包则敞开着放在尸体附近，一支口红掉落在一边，有可能是包被翻的时候掉出来的。拐杖和鞋子也被整齐地摆放着，好像是故意摆好的。但奇怪的是，经过勘测小组的反复提取，依然没有获取任何指纹和DNA。

麦克与其他同事调查了附近的居民，没有发现任何有用的线索，这让警方再次陷入了困境。媒体闻风而至，对这两起案件进行了报道。这不仅让住在这栋公寓楼中的老人感到恐慌，也让当地的市民谈“案”色变。这使得警方面临重重压力，不仅有来自警察局内部上层的压力，也有外界舆论的压力。

于是，他们向破案专家罗德·弥尔顿求助，罗德随即被派来协助他们进行调查。罗德不仅有着多年侦破谋杀案的经验，还能准确剖析犯罪人的心理。

看了这两起案子的相关描述后，罗德总结出两者的相同之处：受害者都是年逾八旬的老太太，住在同一栋公寓中；凶手采用极端暴力的手段致使受害人身亡；受害者身上的现金被拿走。不同的是，第一位受害者是被击打致死，而第二位则是被勒死的。

同时，罗德还对凶手的心理面貌进行了分析推断：当地人、有正当的工作，很可能与某个年纪较大的女人有过关系异常的经历而受到刺激，因此做出这种极端行为。另外，从作案手法来看，凶手有从军的经历，而且这种暴力犯罪可能是年轻人所为。

随即，纳什维尔市警察开始以此为线索展开调查。根据罗德的分析，他们对犯罪现场附近的高校学生、海军、陆军等进行调查。虽然警方倾尽全力，但依然收集不到可用的线索，案件也毫无头绪。

此时，距这两起命案发生已经两个月了。正在警方陷入困境之时，一家医院的医生打来电话称，一位 86 岁的寡居老人考克斯夫人摔倒了被送进医院，但是经检查发现伤口并不像摔倒导致的。

罗德与丹尼斯立刻驱车赶往医院，当他们看到鼻青脸肿的考克斯夫人时大为震惊，他们没想到凶手如此丧心病狂，竟然对一位手无缚鸡之力的老人下此狠手。罗德向考克斯夫人问道：“你回家时发生了什么事？”老人摇了摇头回答道：“我什么都记不得了。我怎么会在这里呢？我不是正走在路上吗？”

她的回答让罗德与丹尼斯无奈地对望了一眼。原来，这位老人患有老年痴呆症，虽然凶手谋杀未遂，但是她根本记不得他的长相。

于是，警方通过媒体发布信息让广大群众提供更多线索。此时，有民众举报称，一个十八九岁的年轻人曾在案发时间踩着滑板经过。根据目击者的描述，警方迅速地画出了素描，并通过媒体公布出来，希望通过警方与民众合力找出嫌疑人。

正在警方寻找犯罪嫌疑人时，另一起袭击案又发生了。85 岁的帕哈德夫人在后院欣赏风景时遭到了袭击，同样是被人用裤袜勒住脖子，大腿裸露，头部受到击打，流了很多血，并被摆出不雅的姿势。而她的皮包、鞋子、拐杖则被整齐地放在一边。

当人们发现她时也以为她是不小心跌倒的，因此把犯罪现场冲刷干净，这让警方郁闷不已。而让警方不解的是，这次谋杀案依然没有任何目击证人。

虽然警方掌握的线索很少，但是罗德推断出，凶手极有可能与公寓楼中的人相处非常融洽，并清楚他们的活动时间。同时，凶手使用不必要的暴力手段，似乎不是为了杀人而杀人，而是为了侮辱而杀人，似乎是在报复某个与他关系密切的女人。

根据罗德的推断，之前民众举报的滑板男孩非常符合。但是，由于接二连三地发生命案，很多居民都不敢随意给陌生人开门，即使是警察上门调查，他们也质疑地说出“我怎么知道你不是凶手伪装成的警察”之类的话。

这让纳什维尔市警方更加卖力地调查，他们一方面安排便衣警察乔装成公寓中的工人来保护老年人，一方面暗中观察，不放过任何蛛丝马迹。

短短的几个月内，已连续有 4 名老人遭到伤害，3 人死亡、1 人受伤，这让很多民众对这位连环谋杀案的凶手感到害怕，称他为“老奶奶杀手”。而让警方感到头疼的是，虽然他们对这个公寓做了一些安全措施，但是凶手会不会继续作案？会在哪里作案？调查范围如何界定？他们依然毫无头绪。现在唯一的线索就是玩滑板的青年，但还没有确定他是不是嫌疑人。

正当警方没日没夜地调查时，又一起命案发生了！凶手似乎是以此来嘲笑警方的！

受害者是 93 岁的玛丽夫人，她一个人生活，邻居都非常照顾她。虽然公寓的管理员玛姬曾告诉她最近不要出门，因为最近时常有命案发生，但是玛丽夫人却不以为意，仍然时常出门。

当天早上，邻居发现玛丽夫人门口的午餐一直无人接收，就告诉了管理员玛姬。玛姬有玛丽夫人家的备用钥匙，她听到后感到很蹊跷，就拿着钥匙打开了房门。走进屋后，她发现玛丽夫人经常使用的小钱包放在桌子上，零钱散落了一地。而玛丽夫人则趴在地毯上，头部有很多血。

玛姬以前做过护士，她从现场的气味判断玛丽夫人已经身亡了。当她发现玛丽夫人被裤袜缠着脖子、鞋子整齐地放在一边时，立刻意识到是“老奶奶杀手”所为，就拨打了报警电话。

接到电话后，罗德和丹尼斯立刻与勘测组的同事赶往犯罪现场。他们将现场封锁拍照，然后开始调查。当他们发现地毯的血迹已经干了时，断定受害者已经死亡很长一段时间了。他们将血迹采集起来，以进行血迹检验，看是否混有凶手的血。紧接着，他们对受害者的肝温进行测量，以推断其具体死亡时间。虽然他们用特殊的光照射，但依然没有发现凶手的指纹。罗德断定凶手作案时戴着橡胶手套。

法医约翰在检查尸体时发现，在尸体附近有一个带血的足迹，这可能是凶手在杀害玛丽夫人后仓皇离开时留下的，这让罗德与丹尼斯大为惊喜。从这个鞋印可以判断出凶手穿着什么样的鞋子，这对警方来说，是非常宝贵的线索。

罗德与丹尼斯商量：“这个线索一定要对媒体保密，如果被凶手看到新闻，他就会将鞋子处理掉。”丹尼斯也赞同道：“的确如此，不过，我们还需要作出一些伪装来麻痹凶手。刚才来的时候，我发现附近有一处工地，工地上有很多足迹。我们可以采集足迹石膏模型，告知媒体在附近的泥地中发现了凶手的足迹，但实际上，凶手并未去过那里。”

擅长分析的罗德又重新梳理警察的问询日志，在查看后总感觉少了些什么。他再次找到管理员玛姬：“当你发现玛丽夫人的尸体时，有没有注意到附近有什么可疑的人？”玛姬想了想回答道：“有一个头发灰白的中年男子在附近徘徊，身材微胖。”

她的回答让罗德如获至宝，回到警局后，罗德立刻根据关键词在网上搜查相关犯罪案件的人员。几分钟后，相关的犯罪报告出来了，有 6 个嫌疑人需要排查。在排查的过程中，罗德发现有一个嫌疑人与“老奶奶杀手”很相似，他曾经因袭击老年妇女而被抓，他抢她们的钱，但没有杀死她们。这让罗德很兴奋，感觉自己终于拨开了重重迷雾，找到了关键的线索。

不仅如此，这个嫌疑人在几个月前还实施过类似的袭击，但是因为与谋杀案毫无关联，相关人员就没有将案件材料递交到谋杀案调查组的手中。

看到这些情况，罗德更加断定这个嫌疑人就是那个灰白头发的男子。于是，他立刻打电话给丹尼斯，将自己的发现告诉了他。

正在此时，纳什维尔市一家医院发生了一件奇怪的事情，引起了警方的注意。一位名叫黛西的老妇人在护士给她换药时，对护士说：“医生刚刚已经来过了，他摸了摸我的身体说体温有点低。”护士很惊讶，因为医生今天根本没有来上班。护士以为是老人出现了幻觉，但是老人肯定地说：“医生的确来过，是一个灰白头发的男子。”

护士将这件事告诉护士长后，护士长意识到老人可能遭到了他人的猥亵，于是打电话报了警。

警察立刻去医院进行调查。在医院的探访名单中，一名比萨销售员维恩·格拉夫进入了警方的视线。经调查得知，此人的头发正是灰白色。调查人员立刻将这一情况汇报给罗德，罗德告诉他们，在调查时不要提及任何有关谋杀案的事情，只是对其进行例行询问。

格拉夫不愿意当场接受调查，而是称第二天会带着律师一起去警局接受调查。可是，到了第二天傍晚，警察也没有见到格拉夫的身影。正在警方担心他是否潜逃时，格拉夫的妻子打来了电话，指责道：“你们有什么证据证明我丈夫涉嫌猥亵？你们的怀疑导致他羞愧难当而自杀，他买了很多安眠药混着威士忌喝了下去。现在他刚刚被送进了医院，如果我的丈夫有什么不测，我一定会控告你们。”

格拉夫的这一强烈反应引起了警方的注意，按理说，警察只是对他进行纯粹的例行调查，而他却选择了自杀，这似乎是欲盖弥彰。于是，警方来到医院希望对他进行询问，但仍然遭到了他的拒绝。这时，护士交给警方一封自杀留言，但它看起来像是早就写好了的。

后来，格拉夫答应警方在医院接受询问。当警察对他说“我们能否给你拍张照片，只是例行检查”时，他考虑了一下，就答应了。警察拍完照片将其拿给黛西辨认，她指着照片说：“就是这个‘医生’。”此时，黛西还认为格拉夫就是医生。

随后，相关人员将格拉夫的照片传给了谋杀案调查组，并将猥亵案材料一并递交了过去。当调查人员把照片拿给玛姬辨认时，玛姬也肯定地说：“那天在公寓旁徘徊的人就是他。”

当罗德拿到格拉夫的自杀留言时，发现留言中藏着很多线索。格拉夫所使用的纸张是公司的专用纸，纸上杂乱无章地写着很多字，但都是歪歪扭扭的，好像是喝醉时写上去的，上面有“不要老奶奶”等字样。罗德猜想，这是不是与之前谋杀老妇人的案件有关呢？

另外，罗德仔细观察后还发现，纸张的角上还写着一行小字：“盖伊，你不用明白，这是艾希挑起的。”据调查得知，盖伊是格拉夫的妻子，而艾希则是格拉夫的岳母。罗德分析，这句话表明格拉夫与其岳母存在某种矛盾关系。

为了搜集更多证据，警方对格拉夫进行了 24 小时监控，并在他的汽车里装上了跟踪装置。但是，格拉夫的反侦查能力很强，他似乎发现有人在跟踪他，每次开车出门时，都会在市区绕上两圈。

同时，罗德也开始对格拉夫进行深入调查。经调查得知，格拉夫是某个俱乐部的成员，曾犯有猥亵罪与偷盗罪。另外，在调查过几家疗养院后警察发现，格拉夫之前就曾伪装成比萨销售员进入疗养院威胁老人。

监控格拉夫第六周的一天，警察发现他当天没有去上班，很晚才出门。开车经过路边商店时，他买了一瓶苏格兰威士忌，然后驱车到了一个公寓楼前。警察紧紧地跟着他，将他所做的一切都看在眼里。

当他到达那个公寓楼前时，将买来的那瓶酒装进了公文包里，然后下车锁上车门，走进一户人家中。走到前门时，警察还看到他与一个女人拥抱了一下，随后一同进屋了。

这让在屋外监控的警察很着急，因为他们无法跟随格拉夫进屋，也不知屋内情况。丹尼斯在警局监控室听到监控小组发来的监控汇报后也相当着急。获悉这一情况后，罗德立即赶过去与监控小组会合，以准确了解事态发展。

罗德到达后，先让警察调查格拉夫所走进的这户人家的主人。原来屋子的主人是 60 岁的克莱尔夫人，与格拉夫已经交往了 18 个月，所以刚刚他们见面时才会那么热情地拥抱。

可是，时间已经过去 8 个小时了，屋内一点动静也没有，这让监控的警察更加着急。院子里的几只狗一直在叫个不停。于是，警方以扰民为由，让两个警察进入查看。

两名警察敲了半天门也无人应答，于是他们绕到后门进入。打开房门后，他们看到一把锤子丢在地上，接着往里走时，看见一具尸体倒在地上。于是，他们立刻撤了出来，向罗德汇报屋内的情况。

此时已是晚上 11 点，罗德与另外 3 名警官拿着枪从后门进入。走进门厅，他们发现一把沾满血迹的锤子扔在地上，再往里走，看到一个女人躺在那里。罗德弯下腰去摸了一下她的脉搏，发现她的脉搏已经停止跳动，身体也变得非常冰冷，他判断她已经死去数个小时了。

他们继续进屋搜查，发现主卧里有男人的衣服扔在床上，由此，罗德判断格拉夫可能还藏在屋里某个角落。于是，他们挨个房间进行搜查。

当两名警察打开浴室的门时，发现格拉夫躺在浴缸中，水已经淹过了他的鼻子。警察立刻对屋外的罗德喊道：“我们找到他了。”罗德闻讯赶来，与其他警察将他从浴缸中拉出来，并用手在他鼻子处试了试，发现他还有呼吸，于是立即拨打了急救电话。

罗德发现格拉夫是割腕自杀的，浴缸附近有很多玻璃片。他还伴着威士忌吃了一些药片，因为在其周围还有半瓶威士忌和很多散落的药片。

克莱尔夫人也是头部受到了重击，被裤袜缠住了脖子。与其他几起谋杀案不同的是，这次在犯罪现场有一个带有血迹的锤子。这时，罗德才意识到，原来凶器是一把锤子。之前警方推测凶器是一把钝器，但并没有明确地猜到是一把锤子。由于格拉夫在锤子上包了毛巾等纺织品，从而改变了血迹状态，所以警方一直没有推断出来是何种凶器。

“老奶奶杀手”终于被逮捕了，这让警方和民众都长出了一口气。但是让人们不解的是，格拉夫看上去就是一个普通人，有家庭、有孩子，怎么会是连环谋杀案的凶手呢?

当格拉夫被救醒后，警方开始对其进行审讯。没想到，他异常坦白地说出了自己的犯罪经过，并称那些受害人都与自己可恶的岳母有着相似的地方，所以他才会杀了她们。而他在讲述时，仿佛是在诉说别人的故事，与自己毫无关系似的。

当丹尼斯问他：“那些手无缚鸡之力的老人的死谁来负责？”他立刻回答道：“我来负责。”但他脸上并无半点悔意。丹尼斯将他的话都记录了下来，并让他签字。格拉夫很平静地在上面签了字，好像签某个平常的单据似的。

后来，警方在格拉夫的家中找到了那双在犯罪现场留下足迹的鞋子，并向法庭指控他犯有谋杀罪。原来，格拉夫每次作案前，都会带着锤子，作案后则将其带回家中处理。他先用盐酸冲刷上面的血迹，再将那些包在锤子上的纺织品烧掉。另外，在犯案后，他会拿着那些受害者的钱去俱乐部消费，玩老虎机或是请人喝酒，以此认识更多的老年人。

格拉夫出生在一个工人家庭，母亲有过多次婚史，她放荡的生活对格拉夫影响很深，导致他的私生活也很乱。格拉夫曾经当过兵，但是由于多次猥亵他人而被军队扫地出门。后来，他与妻子盖伊结婚后住在盖伊的父母家，因此被岳母瞧不起，认为他在“攀高枝”。这让格拉夫对年长的妇人充满了怨恨。由于母亲与岳母都是自然死亡的，他就将这些怨恨和愤怒转移到其他老年人身上，这正是他的犯罪动机。

最终，格拉夫因为谋杀罪和其他几项罪名被判无期徒刑，在监狱中服刑直至死亡。

鉴证专家

血迹检验

血迹检验，是最为常见的物证检验之一，它为警方审查和法庭审判提供了重要的线索和依据。通过这一检验，可以判别血迹是人血还是动物血、是男人的血还是女人的血，还可以判断是何种血型，出血的部位、时间等。

血迹检验的方法包括：

1. 肉眼检查。在犯罪现场，法医通过肉眼观察血迹的颜色、形态等，为下一步的检验做好准备。同时，也可以确定案件属于何种性质，对了解案情提供帮助。

2. 试验检查。通过试验检查，可以在犯罪现场证明有无血迹。当试验检查结果呈阳性时，表明犯罪现场的检材上可能会存在血迹，但不能肯定地证明；而当试验结果为阴性时，则可以排除血迹的存在可能，无须进行下一步试验。

试验检查的方法有很多，如酚酞试验、联苯胺试验等。

（1）酚酞试验。在试验时，取出少量的检材放置在白瓷板上，然后使用蒸馏水将检材浸湿，并加一滴还原酚酞试剂和 3% 的过氧化氢。如果是血迹，就会立刻呈现红色。

（2）联苯胺试验。与酚酞一样，联苯胺灵敏度非常高，只需要微量的检材就可以。在试验时，将少量的检材放置在白瓷板上，依次加入一滴冰醋酸、联苯胺无水酒精饱和溶液、3% 的过氧化氢。若有血迹，会呈现翠蓝色。不过，其他物质也有可能出现这种反应，并不是血迹特有的。因此，当实验呈现阳性反应时，只表明检材上可能有血迹。

第八章

文身店的血案
——镇静剂引发的枪杀案

在田纳西州孟菲斯市，911 接线员接到一个男子的报警电话："我在田纳西州孟菲斯市的一家文身店中，快来救救我的妻子，她头部中枪了。"当警方赶到的时候，发现受害者已经伤重而亡。

警方立刻封锁了犯罪现场，由勘测组人员对现场进行调查取证。勘测组人员发现现场非常混乱，并且有打斗的痕迹，于是进行了现场拍照，然后搜查可用的证据和指纹。由于现场非常混乱，很多指纹都是交叉重叠的，导致他们很难提取到有用的指纹。在屋里的一个角落，一个灭火器歪倒在那里，鉴定人员经过鉴定后发现，灭火器上不仅有隐形指纹，还有工具痕迹。在一个抽屉中，勘测组人员发现了一盒镇静剂，打开后，发现里面只剩下几颗药物。而在另一个房间，他们发现地上有很多散落的镇静剂，可能是在争斗过程中被打翻的。

警员凯文・鲁迪给报案者迈克尔做笔录时得知，受害者名叫奇安・卡斯特，今年 32 岁，大家都称她奇卡，她与丈夫迈克尔经营着一家文身店。他们有两个孩子，一个 10 岁，一个 5 岁。

据迈克尔称，他们今天一直从凌晨忙到下午。有几个人来了之后，一直待在店里。他们出去抽烟回来后，一个男子突然掏出一把枪，让他与妻子分开，并将他的妻子带到另一间屋子里，后来他就不知道发生了什么事。另外，那个人还抢走了他身上的钱包和身份证。

为了了解更多的细节，鲁迪决定将迈克尔带到警局，因为在压力和恐慌下他可能会漏掉一些细节。此时，破案专家康妮·贾斯汀也接到通知前来协助当地警方调查此案。

康妮见到迈克尔后，首先安抚了他的情绪，然后告诉他："如果想到找到凶手，你需要好好回忆一下当时发生了什么事情，最好能够将细节讲得清楚一些。"

迈克尔强忍着悲痛，想了想回答道："一般来说，我们都是周五晚上 6 点开工，经常通宵工作，很多客户都对此有了解。另外，我们不仅收取现金，还会收镇静剂作为文身费用。"

康妮不解地问道："为何要收镇静剂呢？"迈克尔回答道："我的妻子奇卡对镇静剂很依赖，因为她的脑动脉曾经得过病，头部和背部一直疼，所以一直依赖镇静剂止痛。虽然她之前想戒掉，但没有成功。案发前一晚，我们接到客户塔的电话，声称要文身，会支付镇静剂。"

康妮接着问道："他们什么时候到你们店里的呢？分别叫什么名字？"迈克尔回答道："他们大概在凌晨 3 点到店里，分别叫杰、普和塔，另外一个我不知道他叫什么名字，他们都没有叫他的名字，他文完身就离开了。后来，塔文完身后也出去了，一直没有进屋，而杰、普、奇卡和我则在屋里一边文身，一边聊天。当我转身时，发现杰拿出枪指着我，让我把身上的钱都拿出来，并强行将奇卡带到另一个房间找镇静剂。"

说到这里，迈克尔紧张地喝了一口水，接着说道："奇卡被带到另一个房间后，普和我在原地等着。我忽然听到一声枪响，然后看到杰怒气冲冲地走出来，并用枪指着我，似乎想打死我，但最终他没有开枪就离开了。他离开后，我立刻进屋查看妻子的状况，发现她脑部中枪，就报了警。"

说完，迈克尔将头埋进了胸膛，似乎在哭泣。康妮把水递给他，安慰他道：“别伤心，一切都会好起来的。请你告诉我，这些人的全名叫什么，身上文有什么样的文身呢？”

迈克尔抬起头，想了想回答道：“我只记得塔的两只胳膊上分别文有‘我是个枪手’和‘刀光剑影’的字样。脖子上还有草书的文身，以及一个数字。我给客人文过身之后，会将那些模板放在锡箔纸里，然后扔进垃圾桶。”

于是，康妮立刻派鲁迪前去文身店寻找文身模板。到了文身店中，鲁迪戴上橡胶手套，仔细地翻找垃圾桶，发现里面确实有很多模板。其中有一个模板刻有名字和生日，还有一个写着简德拉的名字，这些很有可能就是迈克尔当时给犯罪嫌疑人文身时所用的模板。

为了搜索到更多有用的线索，鲁迪搜查了另一个房间。在一个柜子里，鲁迪发现了遇害者的相机，里面有很多她与家人、朋友的照片。通过相机上显示的时间记录，鲁迪发现，在案发当天有一个男子被相机拍了下来，他的两只胳膊上分别文有“我是个枪手”和“刀光剑影”的字样。于是，鲁迪立刻将这些模板与相机带到了警局。

康妮也将注意力放在了照片中的那个人身上，她让鲁迪将那名男子胳膊上的几个字在网上搜索一下，看看有什么发现。鲁迪经过搜索后发现，“刀光剑影”是一个说唱团体，他们还有自己的网站。而迈克尔口中的塔，有可能就是团体中一个名叫塔兰度斯·麦考因的人。

得到这一消息，康妮开始在警方的数据库中搜查塔兰度斯·麦考因，并发现一个重要线索：塔兰度斯在案发几个小时后因为另一个案件而被捕了。于是，康妮决定将塔兰度斯带过来问话。

警方从迈克尔的口中得知，塔兰度斯与他们一家人很熟悉，因此，警方怀疑他有可能就是整个抢劫案的策划者。

第二天，警员梅利特与鲁迪开始审问塔兰度斯。到了审讯室后，梅利特先向塔兰度斯做了自我介绍，然后问他：“你是不是说唱歌手？你们团体的名字是‘刀光剑影’吗？”

“是的。”塔兰度斯点了点头回答道。

“昨晚你去做了什么？”梅利特接着问道。

“去一位叫奇卡的朋友那里文身。”他立刻回答道。

“文的什么？”梅利特警员继续追问。

“文的‘我是个枪手’和‘刀光剑影’。”说完，他将胳膊上的衣服往上捋了捋，露出了文身。

“和谁一起去的？他们叫什么名字？是不是叫杰和普？”梅利特问道。

“是和两个朋友一起去的，但并不是杰和普。”他回答道。

听到他的回答，鲁迪知道他在撒谎。于是鲁迪接过塔兰度斯的话继续问他：“你们什么时候到的文身店，什么时候离开的？”

“凌晨三四点到的，下午两点半左右离开的。”塔兰度斯回答道。

“你知道文身店发生什么事情了吗？”鲁迪接着问道。

“知道，有朋友打电话告诉我，我才知道奇卡出事了。”塔兰度斯回应道。

“她不仅出事了，而且中枪身亡了。有人举报称，奇卡中枪的时候，你也在文身店中。”鲁迪说道。

塔兰度斯开始转移话题：“奇卡喜欢我，我也喜欢她。”

鲁迪接着他的话茬说：“你既然喜欢奇卡，更应该老老实实与我们合作，而不是说谎。和你一起去文身店的两个人将奇卡杀了，这两个人到底是谁？谁是杰和普？”

塔兰度斯摇了摇头说：“我不认识他们，我不知道谁是……”

鲁迪打断了他的话：“奇卡的丈夫已经告诉我们，是你们几个人杀害了他的妻子。”

塔兰度斯激动地站了起来说：“是他在撒谎。我们根本没有杀害奇卡。”

鲁迪与梅利特对视了一眼，知道这样问下去已没有意义，因为塔兰度斯一直都在撒谎，他们只好起身离开了审讯室。

康妮在查看关于塔兰度斯被捕时的报告时，发现了一个重要线索：报告中写着外号是普的嫌疑人，全名是普林斯顿·普莱斯，他有不少案底，警局的档案库中还有他父母的名字，他的母亲叫简德拉。鲁迪在迈克尔文身店的垃圾桶中找到过“简德拉”字样的模板，由此可以确定当时普林斯顿也在犯罪现场。

于是，康妮向迈克尔出示了一组照片，让其辨认事发当天的犯罪嫌疑人。迈克尔很快认出了普林斯顿，还称那天他用灭火器攻击了自己，并将灭火器朝着墙角狠狠摔去。于是，康妮派警员罗恩·柯林斯追查嫌疑人普林斯顿的下落。

当柯林斯来到普林斯顿的家里询问他的下落时，他的母亲简德拉回答道：“我也不知道他在哪里。发生了什么事？”柯林斯回答道：“最近有位女士被杀了，普林斯顿是犯罪嫌疑人。”简德拉听后非常震惊。

“你认识塔吗？”柯林斯接着问。

“认识，他是普林斯顿最好的朋友，他们经常在一起。”简德拉回答道。

“你最后一次见普林斯顿是什么时候？”柯林斯继续问道。

“昨天晚上刚刚见过。”简德拉回答道。

“他可能在什么地方呢？”柯林斯问道。

“不清楚，我也在打电话找他。如果这件事和他有关，我一定会劝他自首的，我不想看到更多的悲剧发生。”简德拉心痛地回答道。

正当警方寻找普林斯顿时，康妮接到一个好消息：普林斯顿的母亲已经劝服他来自首，他正在来警局的路上。

康妮决定在审讯普林斯顿之前，先与检察官汤姆·汉德森讨论一下案情，询问是否能够凭借死者丈夫迈克尔的供述来起诉三个嫌疑人。汤姆听了康妮的想法后，一连反问了她几个问题：“为什么凶手只杀了妻子而没有杀丈夫？是因为枪出故障了，还是有其他的原因呢？他们不怕留下证人对他们不利吗？”

康妮听了汤姆提出的疑问后说：“你的意思是在法庭上，辩护律师肯定会认为迈克尔才是凶手，因为所有的情况只是他的片面之词，没有其他证人在场，根本无法定他们的罪？”

汤姆点了点头，回答道：“是的，如果我是辩护律师，我肯定会攻击迈克尔，我可以推断他在他们走了之后，将自己的妻子杀死，然后告诉警方是劫杀。因此，这些证据还不足以起诉他们，还需要找出其他的证据。最关键的是让普林斯顿亲口坦白自己所看到的，这才是更有利的证据。否则，他们会因为证据不足而被无罪释放。”

于是，康妮让柯林斯与鲁迪审问普林斯顿，希望能够得到有利于警方的证据。进入审讯室后，柯林斯开门见山地对普林斯顿说：“请你好好想想最近发生了什么事情，你应该知道你为什么会来到这里吧？不要蒙骗我们，否则，后果自负。”

普林斯顿回答道：“前两天我与塔、杰在凌晨三点左右去了一家文身店，在那里待到了下午两点左右。正准备走的时候，拿出一把枪指着文身店的老板，对他说‘不许动，否则我会杀了你的妻子’。然后，杰将老板的妻子带到另一个房间。后来我听到‘砰’的一声枪响，就跑了出去，跑到了附近的加油站去寻求帮助。”

鲁迪厉声呵斥道：“你如果再继续说谎的话，即使你是来自首的，我们也帮不了你。”

普林斯顿低着头，将事情的经过重新叙述了一遍：“当时，杰将文身店老板的妻子带到另外一个房间，让我在原地看着老板。由于当时他想反抗，我就顺手拿起旁边的灭火器打了他一下。枪声响起后，杰走出来想开枪连老板也打死。我劝说道‘不要，不要杀死他’，然后我们坐车离开了。”

鲁迪问道：“当时，塔兰度斯是在屋外接应你们吗？”普林斯顿回答道：“是的，塔兰度斯一直在屋外的车里等着，负责开车接应我们逃跑。”

“是谁策划了这场抢劫？”鲁迪接着问道。

“杰。”普林斯顿立刻回答道。

“那么，我就再给你一个机会，说出杰的全名。”鲁迪说。

“我不知道他的全名，只知道大家都喊他‘杰’。”普林斯顿回答道。

“你可不要跟我们耍花样，否则我们可帮不了你。”鲁迪说。

普林斯顿急忙摆摆手说：“没有，我没有耍花样，我可以发誓，我希望得到宽大处理。”

警方虽然拿到了普林斯顿的证词，能够起诉几个嫌疑人，但是还需要抓到杰。康妮在研究关于杰的线索时发现，他所文的是一个孩子的名字和生日，而这个孩子的妈妈曾经有家庭暴力的案底。那起案件中同时被举报的还有杰里米，他的外号正是杰。

警方通过搜查数据库发现，杰的长相有如下特征：短发、黑人、满头的小辫子，由此可以确定其身份是19岁的杰里米·杨。于是，警方开始进行地毯式搜索，但是并没有找到杰里米的踪迹。

两个星期后，警局接到举报电话，声称杰里米就在他女朋友的家里。于是，警方立刻执行抓捕行动。他们首先疏散附近的居民，以防杰里米有武器伤害到居民，然后迅速包围其女友的住所。当杰里米正准备跳窗时，被警察抓住了。

虽然塔与普都知道是杰里米开的枪，但是并没有亲眼看见他开枪，所以还需要杰里米亲口坦白一切。于是，康妮与鲁迪对杰里米进行了审讯。

鲁迪直接问道："两个星期前，你们在文身店发生了什么事情？"杰里米回答道："我们与塔约好在他家里见面，他之前已经预订了文身，因此我们一起去文身店文身，并给老板50盒镇静剂作为文身费用。我文完身后就直接回到了车里。等了20分钟后，看到普和塔急急忙忙地出来，并紧张地对我说'快点，快点开车走，我们抢劫了这家店'。"

鲁迪厉声道："你在撒谎，是你杀死了文身店老板的妻子奇卡。"杰里米急忙摇摇头回答道："我没有撒谎，我根本不在犯罪现场，我对她的死感到很遗憾。"

康妮仿佛看穿了他的心理，安抚杰里米说："你不是坏人，也许你不是故意的。这件事可能一直都在折磨着你，让你寝食难安。"这时，杰里米流下了眼泪，点了点头说："是的。当时她过来抢我的枪，我们扭成一团。我的手指一直扣在扳机上，她死死地摁住我的手，结果枪就突然响了。我不想杀她，只是想拿回镇静剂。"

康妮意识到杰里米虽然没有完全说出事实，但是他坦白了自己的罪行。第二天，她告诉了迈克尔已经抓到了凶手，但是迈克尔却不敢将妻子已去世的消息告诉孩子，因为他不知道该如何开口。

鉴证专家

工具痕迹

工具痕迹是犯罪现场最为常见的一种痕迹，是指犯罪嫌疑人使用一些工具对现场物体进行破坏，或是打击人体时，在物体或人体上所形成的痕迹。比如，犯罪嫌疑人使用钳子或改锥撬门锁等留下的痕迹。通过对工具痕迹的分析和鉴定，能够为侦查案件提供有力的线索。

第九章 惨无人道的灭门案——一次争吵引来的杀戮

在伊利诺伊州内珀维的小镇上，31 岁的单亲妈妈凯伦带着 3 个孩子在这里安了家，他们分别是 16 岁的丹尼尔、7 岁的阿玛拉、5 岁的凯特利拉。虽然搬到这里还不到一年，但由于凯伦性格开朗，与邻居们相处得很愉快，一家人其乐融融地生活着。可是，让他们想不到的是，这种和美的生活很快被凶残的恶魔打破了。

一天晚上，当小镇上的居民都沉睡在梦乡里时，一辆汽车缓缓地朝凯伦家开了过来。此时，丹尼尔还没有睡。他发现外面有车灯照射，而且离自家门前越来越近，于是就从后门走出去，想看看是什么人来访。

丹尼尔刚走到车前，车上的男子走了下来。还没等丹尼尔开口说话，男子就将他击倒在地，并用斧头猛砍，直到丹尼尔倒在血泊中无法动弹。然后，那名男子从后门进入屋内，将熟睡中的凯伦用斧头砍死。待凯伦死后，那名男子从屋里找出护手霜，对其性侵。而后，他又在屋里翻箱倒柜。当他看到另外两个熟睡的孩子后，残忍地将他们杀害了。

之后他没有急着离开，而是不紧不慢地走进卫生间，将斧头的血迹冲洗掉，并将现场留下的指纹一一清理掉，然后才开车扬长而去……

第二天上午 10 点左右，一对夫妇前来探望凯伦，顺便帮其修理房屋。他们觉得凯伦一个人带着三个孩子在小镇上居住并不容易，当凯伦需要帮助时，他们都会驱车前来帮忙。

当他们快要到达目的地时，看到凯伦家门前挡着一个物体，他们没有在意，继续开车前行。走近时，丈夫才发现是一个男孩躺在那里。他们停下车查看，妻子还以为是哪个孩子在搞恶作剧。可是，当丈夫走近跟前看到被砍得面目全非的丹尼尔时，立刻大声对妻子说：“你站在那里不要动，丹尼尔已经死了！”妻子露出惊恐的表情，不知该怎么办，停下来紧紧用手抓着车门。

丈夫想进屋看看凯伦在不在家，就在门口喊了几声凯伦的名字，但是一直无人应答。妻子非常害怕，立刻叫丈夫回到车里找人报警。

他们开车到了一家邻居门前，但敲了半天门也无人应答，只好又开到附近的陶器博物馆，寻求工作人员的帮助，并让其报了警。

接到报案后，警员吉拉尔与法医琼斯立刻带人火速赶赴犯罪现场。当时他们还无法确定凶手是否已经离开了现场，也不清楚凯伦家的其他家庭成员在哪里，只是看到面目全非的丹尼尔躺在门前，就知道情况很糟糕。于是，吉拉尔持枪带着其他几位同事进屋观察情况。

虽然他们见过很多谋杀案，但查看了现场的情形后，还是对凶手的残暴感到震惊。吉拉尔气愤地对琼斯说：“我们一定要尽快抓到这个禽兽不如的家伙。”

他们一方面向破案专家请求帮助，另一方面封锁现场，以提取证物和指纹。当时天气比较炎热，而且风比较大，他们需要保护现场证据不被破坏，还要保护好现场的足印和车轮印。

法医琼斯与手下立刻拍摄照片，并提取了血迹和足印。当他们搜查指纹时，用碘熏法发现了部分掌印，那是人的右手手掌留下的。琼斯立刻让人将其拍下来，并从墙壁上切下来，以保证准确无误。另外，他们还用紫外线灯对屋里进行了二次扫描。通过照射后发现，屋子里一扇门的内侧也有部分掌印，上面还有油乎乎的东西，并发出明显的荧光。于是，他们将门卸下来，送到鉴定科进行检验。

为了尽快侦破此案，破案专家安德鲁·艾伦前来协助当地警方调查此案。他们开始夜以继日地进行调查。即便是细小的证物，他们也将其打上标签保存起来。很多志愿者听闻这一惨案，也积极地参与进来，帮助警方搜查有力的线索。

通过调查凯伦的家人和邻居，安德鲁得知，她是一个非常开朗、热情的人。青春期时的她十分叛逆，因此15岁就生下了丹尼尔。本来凯伦想做个出色的单身母亲，但是毕竟能力有限，最终，她不得不将丹尼尔交给母亲抚养，一直到丹尼尔长到16岁。24岁时，凯伦与一个名叫戴维的男人结了婚，并生了两个女儿，但是这段关系没有维持多久，两人就离婚了。后来，凯伦自己带着两个女儿一起生活。

由于生活比较艰辛，凯伦渐渐与一些吸毒者走得很近。而在她居住的地方附近，吸毒的人也很多，因此她结交了不少吸毒者。虽然如此，凯伦还是将家庭经营得很好，后来，她将丹尼尔接过来一起居住，他们相处得非常好，丹尼尔也很会照顾妹妹。

在凯伦出事的前两天，她曾去镇上参加过一个聚会，直到第二天才由朋友将其送回家。

警方搜查了7天7夜，但依然没有获取到有用的线索。协助调查的医学博士约翰·查利诺通过实验，发现门上油乎乎的东西是一种护手霜，他将实验室中的80多种护手霜比对后发现是其中的一种，但是警方在受害者的家中怎么也找不到这种护手霜。警方不知道的是，那支护手霜已被狡猾的凶手拿走了。

而此时，法医琼斯也遇到了困难，因为他们收集到的掌印只是一小部分，好像是关门时留下的。可是，由于那扇门是手工上漆的，上漆时使用的刷子较为粗糙，因而油漆痕迹与指纹上的纹路混在一起，增加了破解指纹的难度。由于当时的科技还不够发达，为了剔除那些干扰性痕迹，他们要设法提高电脑软件功能，以将指纹剥离出来。

约翰博士在鉴别出护手霜之后，联想起之前曾遇到过类似的案件，有犯罪嫌疑人会使用护手霜性侵受害者。因此，他立刻联系法医琼斯，让其检验受害者体内是否有护手霜。如果有的话，那么，残留在墙上的掌印正是凶手留下的。

这起惨绝人寰的灭门案引起了很多媒体和民众的关注，每天都有人在街头巷尾议论着此事。警方也设立了专线，希望知情者能够随时拨打专线提供相关线索。

安德鲁根据凯伦的住址和案情进行分析，认为凶手肯定认识凯伦，因为凯伦的家并不是很好找，只有比较熟悉的人才能熟门熟路地找到她。

他们首先将凯伦的前夫列为怀疑对象，但是很快又排除了，因为在凯伦遇害的当晚，他滞留在一个火车站，有不在场的证据。

后来有人举报称，凯伦遇害当天，有两辆汽车在她家附近停留过。由于凯伦是轻度吸毒者，认识很多毒贩，在黑道上认识不少人。于是，警方推测，是不是黑帮所为呢？但是调查了附近的黑帮，发现他们并没有作案动机。

此时，安德鲁将调查的对象转移到凯伦曾经参加过的聚会的成员上。第一位嫌疑人是 24 岁的农场工人比尔·米契尔，他曾与凯伦发生争吵，但是后来他们又和好了。比尔称第二天是他将凯伦送回家的，直到上午 11 点才离开。凯伦的邻居表示，确实目睹比尔那时就离开了。因而，警方排除了他的嫌疑。

第二个嫌疑人是在凯伦之前曾经住在这个房子里的人。他说在凯伦遇害的当晚，11 点 15 分时他曾经给凯伦打过电话，但是无人接听。后来他就上床睡觉了。但是由于他所说的没有确凿的证据，警方还需要深入调查。

第三个嫌疑人是凯伦的前男友，他俩在不久前刚刚分手。但经过调查，发现他们是和平分手的，而且前段时间，凯伦还送过他一束花，并附带了一首诗歌。

通过梳理，警方发现了约 70 个嫌疑人，他们自愿向警方提供了指纹、唾液、头发等样本。法医琼斯一一化验了他们提供的样本，从中排除了一些嫌疑人。

凯伦遇害一周后，凯伦的父母为其举行了葬礼，附近的邻居和几个孩子的同学、老师都前来参加。为了尽快破案，小镇上的居民以及凯伦认识的毒贩们都积极配合警方。

就在此时，指纹鉴定组鉴定出，在凯伦家中发现的掌纹与比尔·米契尔的掌纹是一模一样的。但是警方认为，比尔是凯伦的朋友，经常出入她家，在她家里留下指纹也不足为奇，便再次排除了他的嫌疑。

可就在同时，警方又接到一个电话，是比尔打来的，他声称有人破门而入，将自己弄伤了，请求警方前来救援。安德鲁与警员吉拉尔立刻赶往比尔家。但是到了他家后，却不见比尔的踪影，只发现了他的钱包和汽车钥匙。当时，吉拉尔还以为比尔也遇害了。

正在他们谈话间，比尔突然从外面冲了进来，全身赤裸，身上只裹着一条毛巾，下体在不断滴血。安德鲁一面让吉拉尔拨打医院救助电话，一面问询比尔发生了什么事。

比尔忍着疼痛，气喘吁吁地说："我今天刚要出门的时候，在门口遇到了三个陌生人。他们直接将我拖进屋里，也不说话，拿起刀子就向我身上割来，并对我说'派对的主人就是那起谋杀案的元凶'，逼着我说出聚会的地址。我说不知道，他们就一直拿刀割我。后来，我趁他们不注意，逃到了浴室中，将房门反锁。直到他们离开，我才报了警，然后跑到院子里躲了起来。"

此时，救护车已经到来，安德鲁与吉拉尔帮助医护人员将比尔送上车。比尔住院期间，当警方继续询问他一些细节问题时，他却突然改口，称这件事是自己凭空捏造的，伤也是自己弄出来的，因为自己有自残倾向。警方只好指控他做伪证。

不久，整个案情的脉络变得越来越清晰。前一段时间，有一名清洁工举报称，在一个公园车库的垃圾桶中发现了很多血迹和精液，还有一本被割破的色情杂志。而那个公园离比尔所住的地方非常近，这让安德鲁立刻联想到比尔说自己有自残的倾向，因此，他怀疑这起谋杀案可能与比尔有关。但是由于目前还没有足够的证据，还需要进一步调查，因此，他们没有对媒体公布。

由于之前在调查嫌疑人时，他们都是自愿提供指纹等样本的，因此，为了获取更精准的样本，吉拉尔与法医琼斯亲自上门调查取样。当他们去比尔工作的地方提取指纹时，比尔的一句话让吉拉尔和琼斯直冒冷汗。比尔说："你们怎么还在查这个案子呢？我以为你们已经抓到了凶手。前段时间，我在新闻里看到在我家附近公园的车库中，那个凶手干了一些可耻的勾当，让你们逮个正着。”

吉拉尔和琼斯立刻感觉不对，因为这个消息他们根本没有公布给媒体，只有凶手本人才知道。这说明，站在他们眼前的这个人正是残忍地杀害凯伦一家的凶手，但是此刻，他摆出一副轻松自在的样子，仿佛整个事件与自己没有任何关系。

为了不打草惊蛇，吉拉尔和琼斯还是例行公事地从比尔身上提取了指纹样本。随后，将其指纹与犯罪现场提取的指纹样本进行比对，结果发现，这个指纹正是比尔的。于是，警方立刻将其确定为嫌疑人。

与此同时，约翰博士也验证出，在指纹中提取出的油类物质样本与凯伦尸体中提取出的样本完全相同，这表明指纹是凶手留下的。之前虽然警方认为比尔是凯伦的朋友，在她家留有指纹不足为奇，可是这个带有油脂的指纹正是比尔的。

掌握到这些证据后，警方逮捕了比尔。当警方让比尔说出犯罪动机和经过时，处理过很多谋杀案的安德鲁还是为比尔的残忍所震惊。而且比尔在讲述自己的犯罪经过时相当平静，仿佛在讲述某件稀松平常的小事。

原来，在派对那天，他与凯伦因为一点小事而发生了争吵，虽然事后他已与凯伦和解，并送凯伦回家，但他依然记恨在心。从凯伦家里出来后，他开车再次回到了开派对的地方，并喝了很多酒，吸了大量的大麻，还在卫生间里注射了兴奋剂。

到了深夜两点半，他开着车去凯伦家里。此时，由于毒品和兴奋剂的作用，他正处于非常兴奋的状态。到了凯伦家门前，他先见到了丹尼尔，便将其活活砍死。进入屋里后，他先将凯伦砍死，随后对其进行性侵。然后，他开始翻箱倒柜寻找毒品。当他走进孩子们的房间时，又将她们杀死。

另外，他还讲述了自己在犯罪后如何细心地清洗并带走斧头和护手霜等证物。当他开车到了一个河边后，停下车将斧头扔进了河里，然后将护手霜丢进了垃圾桶中。

第二天，警方派出的潜水员在比尔所说的河底找到了那把斧头。虽然离凯伦一家被害已经过去了 5 个星期，但由于斧头一直被埋在河底的淤泥中，上面还留有作案痕迹。由于砍杀了多人，斧头的利刃已经变钝。

最终，比尔·米契尔因为犯有谋杀罪、侮辱尸体罪及持有注射器等罪名被判处终身监禁，有生之年他都将在监狱中度过。

鉴证专家

碘熏法

碘熏法是鉴定人员在犯罪现场经常采用的一种提取指纹的方法。具体方式是将可能存有手印的物品放在烧杯或碘熏器中，然后给碘加热让其升华以熏染物品。

碘熏法的原理：由于碘具有强烈的腐蚀性与挥发性，因此在常温状态下，它能够升华为紫色的气体，这些气体能够对手印上的汗液产生吸附作用，从而让手印因为染色而显现出来。

但需要注意的是，由于碘具有强烈的挥发性，因此，对于用碘熏法熏染出来的手印应该立即用照相机拍摄下来，或者用其他方法固定下来。

第十章

凶杀抢劫案的背后

——狡猾凶手与警方的较量

这天，亚利桑那州阳光明媚，人们在街道中悠闲地穿梭着。在瓦蕾国家银行的温斯洛支行，职员们正在有条不紊地工作着。此时，一名身穿运动衣的男子走进银行，对前台工作人员说："你好，我想找一下银行经理。"于是工作人员将其带到了经理室。

经理斯坦·埃根在与那名男子交谈时，感觉他言辞闪烁，似乎试图隐藏什么。那名男子对埃根说："我希望能够申请一笔 25000 美元的贷款，用来建造一幢房子。"但是，埃根拒绝了，因为他没有这名男子的任何资料，不能贸然贷款给他。

正当埃根低头翻找资料的时候，那名男子迅速从衬衣口袋中拿出一把 9 毫米口径的手枪，指着埃根大声说："快给我 25000 美元，否则我就杀了你！"由于经理室四面都是透明玻璃，一个银行职员正好目睹了这一切，便立刻启动了无声报警器。

埃尔默·哈赛探员接到报警中心转过来的电话后，立刻一个人驱车赶往事发地点。

在银行里，埃根一面安抚那名男子的情绪，一面让出纳员取钱过来。出纳员最终凑够了 25000 美元。那名男子让出纳员拿来一个包，并命令她与埃根往包里装钱，而他一直拿着枪指着他们，并催促道："快点！快点！"

装完钱以后，他命令埃根与他一起走。走到门口的时候，那名男子将手枪别在了腰间，让埃根给他推门。此时，哈赛已经到达了现场，正躲在墙边观察屋内发生的一切。

埃根推开门，那名男子走出门外，哈赛不容多想，立刻朝他飞扑过去，将他双手反扣，压在墙边，随即用手铐铐住他，又从其腰间拔出手枪放在地上，将装钱的袋子交还给埃根。

随后，哈赛将那名男子押送到了温斯洛监狱。经调查得知，这名男子叫丹尼·雷·霍宁，是一个牧师的儿子，小时候曾在温斯洛生活过一段时间，也在这里犯过不少案子，是温斯洛警局的“常客”。长大后，他离开了温斯洛，却没走上正道，而是将抢劫银行视为自己的职业。如今他重返温斯洛，就是想实施报复，只因他曾经在这里多次被抓捕过。

随着进一步的调查，霍宁的更多罪行浮出水面，让温斯洛警方大为震惊。霍宁正被其他几个州通缉，涉及罪行不仅有银行抢劫罪，还有汽车抢劫罪，甚至还有骚扰自己女儿的记录。除此之外，他还是一起可怕的谋杀案的嫌疑人，涉嫌肢解受害者的尸体，并将其抛在河里。

最终，丹尼·雷·霍宁因上述罪名成立，被判无期徒刑。但是显然，他并没有打算在监狱中度过自己的一生，这一判决激怒了他，他当庭对法官狂妄地吼叫道：“即使判我1000年也无所谓，我在一年之内就可以走出监狱。”

果不其然，服刑不到一年，霍宁就在光天化日之下越狱了。他偷走了医务人员的衣服，打扮成医务工作者的样子，大摇大摆地走出了监狱。

当发现有囚犯逃跑后，惩教部门的警官肯尼·万斯带着搜寻犬第一个赶到了现场。肯尼从霍宁留在监狱中的手机上收集到他的气味样本，并分派给各个搜寻小组。

警方了解到，由于被捕过好多次，霍宁对执法部门有着强烈的恨意，因此，警方担心他会实施报复危害公众。

破案专家基思·托斯特被上级派来担任该案件的负责人，他有4年追踪危险犯罪分子和嫌疑人的经验。了解案情后，托斯特分析，霍宁有可能会去温斯洛，因为他是在那里被捕的，而且当时他也是为了清理旧账才再次回到温斯洛的。托斯特调查发现，一年前霍宁就曾写信给温斯洛警局，声称自己一定会回来找他们，因为是他们改变了自己的命运。所以，他后来才会在温斯洛支行进行抢劫。

通过调查，托斯特还了解到霍宁是一个非常自大而狂妄的人，不达目的决不善罢甘休。他就像一个亡命之徒，没有任何后顾之忧，因此做事总是不择手段。

一年前，霍宁在加利福尼亚州的斯托克顿与一个农场主萨姆·麦卡洛相识，乐于助人的麦卡洛虽然知道霍宁有前科，但还是好心地帮助了他，雇他在自己的农场做工。

但好心没有得到好报，当霍宁企图抢劫麦卡洛的农场时，被麦卡洛提前觉察而要开除他，两人因此发生了争吵。据麦卡洛的妹妹称，她曾看到霍宁与哥哥争吵，霍宁扬言要杀死哥哥。没过两天，麦卡洛就遇害了。在加利福尼亚州斯托克顿的一条河边，一个渔夫发现了一个黑色垃圾袋，打开后看见了一条人腿，吓得他连连后退，急忙报了警。随后，警方又在附近找到了两个胳膊、人体躯干以及人头，同时还找到一把刀。

经鉴定发现，被肢解的尸体正是麦卡洛的。他由于前额被枪击而亡，从受伤的痕迹可以判定出，他是被一把22毫米口径的手枪射杀的。后来，警方与鉴定科的人员搜查麦卡洛的房子后，发现了22毫米口径的子弹壳以及大量血迹。但是他们在犯罪现场没有提取到霍宁的指纹，即使他们采用了碘熏法和紫外线照射，也依然没有提取到。因此，警方推测，霍宁在肢解了麦卡洛的尸体后，对犯罪现场进行了一定的清理。

他们搜查霍宁住的地方时，发现了一具狗的尸体。后来经法医鉴定，那只狗也是被 22 毫米口径的手枪打死的，与杀死麦卡洛的枪很像。

据麦卡洛的妹妹称，在哥哥遇害后没几天，她看到霍宁生气地用枪射杀了那条狗。由此，她认为霍宁的精神不正常。一年后，她听说霍宁被抓住，关进了监狱，她以为噩梦从此就结束了。但后来又听闻他越狱成功，这让她不寒而栗，不知道又有多少人会遭到他的伤害。

警方调查后发现，霍宁在犯案后，将麦卡洛 9 毫米口径的手枪和家中的现金都偷走了。此后他突然像人间蒸发了似的，警方怎么也找不到他。之后不久，他就出现在温斯洛支行。

托斯特检查霍宁抢劫银行时所使用的手枪后发现，这正是麦卡洛那支 9 毫米口径的手枪，这进一步表明霍宁肯定与那件可怕的谋杀案有关。

而在此时，警探赖瑞·麦克米又接到一条举报线索：在离监狱 20 英里的地方，霍宁抢劫了一处居民的房屋，并从屋里拿走了两把枪。身上带有武器的霍宁会更加危险，这让警方更加担心。

于是，数百名执法人员开始夜以继日地对整个州进行全面搜寻，以便更快地抓到霍宁。

此时，有人举报称，自己在亚利桑那州野营时曾见过霍宁，他向人们要水和食物，而且每隔一段时间他就会出现一次。但有一次，当他向别人要水时，看到路边有警车，顾不得拿包就立刻钻进了树林中。

当警方找到霍宁的包时，发现里面放着一支枪，他们立刻着手搜寻这座森林。肯尼带着 20 条搜寻犬搜寻可疑的地方，试图找到有关霍宁的踪迹和气味。

搜寻犬很快找到一个气味线索，带着警员们来到一个偏僻的小木屋旁。但是，警方经过搜查发现，霍宁并没有在此居住，他只是故意制造一些假象以迷惑警察。他还留了一张纸条，声称感谢木屋的主人让他借用此木屋，并向警察发出挑衅，说他们拙劣的追踪手法是永远抓不住自己的，不要再浪费时间。另外，霍宁在纸条上要求警方将他的包寄还给他的父母。

霍宁的挑衅，让警方更加积极地对其展开搜索。这期间，还有两起相关案件发生：霍宁偷盗了一辆褐色的敞篷卡车和一辆小型卡车。在车里，他放上了一张纸条向汽车的主人道歉，说要借用他们的车，还说把车开到这么崎岖的地方，真是对不起这辆车，好像自己虐待了它一样。随后，又对警方嘲讽一番。

他似乎在与警方玩着猫捉老鼠的游戏，每当警方快要找到他时，他就会弃车逃走，钻进茂密的森林中去。搜寻森林是非常困难的，虽然警方动用了直升机在森林上空搜寻，在森林深处也展开了地毯式搜查，依然一无所获。

此时，距离霍宁逃出监狱已经 6 个星期了。警方担心时间过去越久，无辜的民众越有可能遭到侵害。另外，托斯特更担心霍宁会对温斯洛警局做出危险的事情，于是提醒他们要早作防范。

一星期后，有民众举报称，霍宁劫持了一对夫妇，让他们开车载他去 75 公里以外的大峡谷，并让他们为自己支付了酒店费用。在酒店里，他还严厉地警告他们不许跑，否则就开枪打死他们。被劫持的夫妇为了活命只好积极地配合他。第二天，霍宁还用他们的钱购买了一套高科技的野营装备。

不过，狡猾的霍宁最终还是被发现了。有一队在野外露营的人举报称，当他们到达某峡谷附近时，一个很符合警方描述的人向他们要水，并反复地询问他们是否可以帮他买水。这在野营中是非常异常的，因此他们打电话报了警。

托斯特立刻向特种部队警官发去信息，组织解救人质，并在现场拉起了警戒线。可是，狡猾的霍宁又一次逃脱了。他命令那对夫妇把车开到了大峡谷附近的一个公园，以便寻找更多的人质作为筹码。很快，他将注意力放在了来自得克萨斯的六口之家——曼纽尔·诺曼一家身上。诺曼一家刚刚结束假期，准备回家，他们正在附近的商店买干粮，准备在车上吃。

于是，霍宁让那对夫妇留在车里，并将车钥匙拔走，还警告他们不许跑，而他自己则去接近诺曼一家。

曼纽尔正要走向自己的车时，霍宁和他搭讪说："你好，这是你的旅行拖车吗？看上去不错。我也正打算买一辆这样的车。请问能上去参观一下吗？"曼纽尔爽快地答应了。

当曼纽尔带着霍宁参观时，霍宁突然拔出手枪指着他说："快叫你的家人上车，否则，我就打死你。"曼纽尔吓得不知所措，只好站在车边叫正在买东西的儿子上车。曼纽尔的儿子刚要上车时，突然看见霍宁手中的枪，立刻吓得拔腿就跑，一边跑一边喊："他手里有枪！他手里有枪！"

顿时，大家四散逃跑，曼纽尔也趁乱逃跑。一时间，公园里非常嘈杂，人们朝着不同的方向跑去。霍宁非常紧张，他知道这附近有巡警，自己非常危险，于是立刻钻进那对人质夫妇的车里，开车火速逃离现场。

当巡警发现公园的异常情况后，立刻驱车追赶。而此时的霍宁像疯了似的，把车开得飞快。当他发现有巡警跟着自己后，用手中的手枪透过玻璃向后面的警察射击，并大喊道："不要跟着我，否则我就杀了他们！"

巡警只好放慢车速。正在此时，霍宁发现前面已经没路了，在巡警到达的前一秒，他弃车逃到附近的森林中。当巡警赶到时，车里的人质依然紧张而呆滞地坐在车里，不敢动弹。

了解了大致情况后，巡警才知道自己在抓捕的人正是警方通缉的犯罪嫌疑人霍宁。

霍宁再次消失了，消失在1900平方英里的大峡谷中，想要抓住他犹如大海捞针。由于大峡谷中的大部分地区没有标识，警方需要拿到那里的地图才能更好地搜寻。

对此，托斯特想到一个方法：将霍宁逼出大峡谷。此时大峡谷中尚有一些游客，托斯特与国家公园管理处协商，不再放游客进入，否则更难抓捕到霍宁。随后，警方在大峡谷的各个路口设置好路障，以让霍宁感到疲惫和压力，不得不自己走出大峡谷。

让警方意想不到的是，狡猾的霍宁竟然已将头发染成了黄色，还戴着一顶渔夫帽，这使得他的样子与通缉令上的照片有了差别。

霍宁挟持了两个英国女人，命令她们开车越过路障，他自己则坐在车后，用枪抵着她们。当他们经过路障时，虽然持枪的特警检查得很仔细，但是没想到犯罪嫌疑人容貌已有所改变，与他们拿到的照片根本不一样。

因此，霍宁再次逃脱了。他命令两名人质把车开到大峡谷以南的地方。上了公路后，霍宁将她们带下车，绑在树上，然后自己开车驶向温斯洛。两名人质挣脱后，立刻到附近的加油站报了警，并讲述了事情的经过。

警方接到消息后，立刻锁定她们描述的车，发现霍宁正开车驶向温斯洛。于是，托斯特打电话让公路警察协助他们追捕霍宁。当霍宁发现有警察追踪时，持枪射击追击的警方，所幸没有警员伤亡。霍宁又一次逃脱。

这次，警方誓要抓住他，不能再让他逃跑了，因为他的目标很明确，就是温斯洛警局。如果再不抓住他，可能会造成更多的伤亡。此时，有一个老妇人打来报警电话称，在自家车库旁看到一个男人正在那里拼命喝水，行为非常古怪。

于是，警方立刻带着搜寻犬锁定老妇人家附近的位置进行搜寻。深夜两点时，一只叫朱迪的搜寻犬发现了它的目标——在一架天桥下面熟睡的霍宁，当时他的枪正放在一边。警察立刻上前将其铐住。霍宁没有任何反抗，他看起来非常疲惫。

此时，离霍宁越狱已经过去 56 天了。万幸的是，在他逃亡的这段时间没有民众受到伤害。最终，霍宁因为谋杀案及其他罪行被判处注射死刑。

鉴证专家

人体气味是指每个人身体上独有的气味特征。在犯罪现场，侦查人员往往使用训练有素的警犬根据气味来寻找犯罪嫌疑人。

除此之外，警方还可以通过气味比对进行身份辨别。将从犯罪现场提取到的气味作为人的身份特征留存，再采集部分有犯罪前科的人的气味样本进行比对，可以锁定或者排除嫌疑人，从而对破案起到促进作用。

第十一章

无声的恐惧

——聋哑学校的杀人案

位于华盛顿特区的加劳德特大学，被人们称为“聋哑人的哈佛”。它四面都被围墙环绕，犹如一个寂静的小岛。可是突然有一天，这份静谧与和谐被打破了。

晚上 8 点，在科格斯韦尔礼堂，一个男学生非常焦急地来找宿舍管理员劳伦·哈斯贝。他打着手势告诉劳伦：“本来我与同学埃里克·普伦基特约好在指导会议课上见面的，但是我等了很久都没有见到他。”劳伦打着手语安慰他：“那你再等一会儿吧，可能他有事耽搁了。”

可是，那名男生仍然打着手势说：“我已经等了很久都没有看见他，而且还去了他房间，他的房门打不开，里面好像有异味。你还是去检查一下吧。”

于是，劳伦跟着那个男生一起来到了宿舍走廊尽头，埃里克的房间就在那里。埃里克的房门紧锁，对于一个患有轻微大脑麻痹且性格外向的 19 岁学生来说，这种情况是比较异常的，埃里克是个非常开朗的人，平时总是将房门打开着，随时欢迎每一个人的来访。

由于学校有规定，宿舍管理员要想进入学生的房间，需要有第二个人在场作为证人，而且必须是男性。因此，劳伦便去找宿舍管理员托马斯·科赫。当他知道劳伦的来意后，就与其一起来到埃里克的门前。

可是，托马斯按了几次门铃都无人应答。加劳德特大学学生宿舍的门铃都连着一个灯泡，安在房门的正上方。每当门铃响起时，屋内的灯泡就会闪。可现在屋内的灯泡一直闪，却始终无人回应。

宿舍管理员托马斯有一把万能钥匙，可以打开每个学生宿舍的房门。他打开门按亮灯后，被眼前的景象震惊了：房间里非常凌乱，地板上有一大片鲜红的血迹，其他地方也都布满了血迹。顺着血迹，他们发现了埃里克的尸体。

本来，托马斯还猜测埃里克是否癫痫病发作了，但当他看到房间内布满了血迹时，立刻知道埃里克遭遇了不测，便马上让劳伦去找他们的主管并报案。

吉姆·特伦厄姆探员带着调查小组火速赶到了犯罪现场，他们首先封锁现场并拍照，然后进行仔细勘查。调查小组发现，埃里克并非死于意外，他可能是被椅子重击过，因为椅子上沾满了血迹。除此之外，侦查人员并没有发现可疑的地方。电脑没有被动过，其他值钱的物品都还在，而且完好无损。由此，警方排除了抢劫的可能性。

随后，勘测组的人员提取了犯罪现场的血样、毛发、纤维和指纹，希望能够借助这些证据来找到嫌疑人的踪迹。

埃里克被杀害的消息在校园中不胫而走，很多学生都陷入了恐惧中。虽然埃里克只是一位新生，但这件谋杀案使得人人都认识了他。警方通知了埃里克的父母，告诉他们埃里克遇害的事情。这让埃里克的母亲凯瑟琳难以置信，当初送儿子去学校时，她还对儿子说："我不想离开你。"谁知一语成谶，现如今儿子真的离开了自己。

警方随即展开调查。由于存在沟通障碍，他们调查起来困难重重，需要翻译人员协助翻译聋哑学生们的描述，这花费了大量的时间。不仅如此，在翻译的过程中，有时还会遗漏一些与细节相关的重要内容。不过，功夫不负有心人，警方最终还是通过调查找到了一些蛛丝马迹。

通过调查，警方得知埃里克是一名同性恋者。最近，他刚刚成为同性恋俱乐部的秘书。这一线索引起了警方的关注，他们推测，埃里克遇害可能是由于性向特别而导致仇视性犯罪的结果。

而此时，潜在的嫌疑人出现了。一名学生透露，埃里克死前正处于一段浪漫的关系中，但他并不知道那个人的身份，只知道他叫托马斯，姓氏以字母 B 开头。于是，警方开始调查这个名叫托马斯 · B 的人。

距离埃里克遇害已经过去 24 小时了，此时，吉姆探员发现了另外一个线索：被害时，埃里克的电脑是开着的，遇害前，他曾与姐姐艾琳在线视频。那么，艾琳有可能是最后一个见到埃里克的人。遗憾的是，虽然艾琳当时与弟弟埃里克正在视频，但是她通过镜头只看见了一个男人的背影。当时，她只顾着与埃里克聊天，并没有发现任何异常的地方。随后他们又聊了一会儿，就关了视频。

警方随后将注意力放在了宿舍管理员托马斯 · 科赫的身上，因为他是第一个发现尸体的人，而且他身上还有一把万能钥匙，可以随时打开埃里克的房门。可是，警方提取了他的指纹与 DNA 样本，与犯罪现场提取的指纹样本进行比对后，发现完全不符合，因此排除了他的嫌疑。

而在此时，吉姆通过查阅埃里克的日记和聊天记录发现了一个名叫托马斯 · 明奇的人。他是一个新生，没有犯罪记录，也没有违纪问题。可是经过调查得知，在埃里克遇害前他们曾经发生过争吵。

于是，警方对明奇进行审问，他们谈了两个多小时。明奇交代称，自己曾经与埃里克关系密切，在结束那段感情后双方有过争吵，自己还动手打过他，将他推倒。听到他的这一供认后，警方当场对他实施了逮捕。因为埃里克患有大脑麻痹症，将其推倒再进行杀害是非常容易的事情。

警方从明奇身上采集了指纹样本，与犯罪现场提取的指纹进行比对之后，发现两者完全吻合。由此，警方指控明奇犯有二级谋杀罪。明奇被捕仅仅几个小时之后，这一消息就迅速通过网络、报纸等媒体传播开来。

可是，就在案子将要结束时，形势却突然反转。法官认为目前的证据不足以对明奇定罪，并最终撤销了该案。

这个结果让每个人都感到惊讶。埃里克的父母对此也非常不满，不明白警方为什么会放走这个谋杀者。尽管不得不将其释放，警方仍然将明奇列为嫌疑人。

而在加劳德特大学校园中，恐惧再次袭上学生们的心头。他们对警方释放明奇感到非常不解，更对校长有诸多抱怨。后来，校长对学生们说："在调查结束前，明奇都不会回到学校，他已经被停学了。"听到这一消息，学生们才稍微放宽了心。随后，明奇回到了新汉普郡的家中。

可是，事情并未告一段落。在埃里克遇害一个月后，埃里克的母亲收到了一封来自加劳德特大学的信，里面是埃里克的银行对账单，他的借记卡在 9 月 28 日产生了费用。记录显示，持卡人是在联合车站使用的这张卡。可是，这个时间埃里克已经遇害，怎么会使用这张卡呢?

她立刻打电话将这一情况告诉了警方。可是，当警方去联合车站调取监控录像时却晚了一步：监控录像已经超过了 30 天的保存期，因此被删除了。

2011 年 1 月，加劳德特大学重新开课，很多学生都认为这是一个美好的开始。可是，在 2 月 3 日的清早，这种欣喜烟消云散了。

一阵阵火警声在科格斯韦尔礼堂响起，警报声伴着闪烁的灯光，提醒学生赶快疏散。劳伦与其他宿舍管理员逐个检查学生宿舍，以确认所有学生是否都已安全疏散。可是，当劳伦正在检查时，楼上一位宿舍管理员神色紧张地朝她边跑边打着手势："楼上还有一个，是一具死尸。"

接到报警电话后，吉姆与调查小组火速赶到了现场。案发房间内一片狼藉，受害者状况也非常糟糕。他们先对犯罪现场进行拍照，然后搜查痕迹物证。

与此同时，破案专家约翰·亚当斯也接到通知，由他来协助当地警方缉拿此案的凶手。约翰不仅是一名非常出色的侦探，还是一位取证专家。到达犯罪现场后，久经"战场"的他看到受害者的胸部和头部被刺中多刀，喉咙被割开，身体倒在床边的地板上。受害者的身上有大量的血，血迹飞溅得到处都是。

经确认，受害者是29岁的本·瓦尔纳，来自得克萨斯州，是一名大学二年级的学生，经常独来独往，但是非常乐于助人。搜查小组经过搜查发现，他房间中的几件贵重物品不见了，包括钱包、借记卡、支票簿等。

不过，凶手留下了大量的证据。约翰发现，在本的房间里有凶手留下的血足印，而且足印一直沿着礼堂走到了宿舍外面。警方顺着血足迹追踪过去，发现足印最终到达了一个垃圾箱旁边后便消失了。于是，警方开始搜查垃圾箱，从中找到了一件带血的夹克，以及一把带血的匕首。

鉴定科的专家从现场留下的血足迹推断出，凶手是一名年轻男性。

恐惧再次笼罩了加劳德特大学，在埃里克遇害的4个月后，本也在同一建筑内被杀害。自此，学校里人人自危，人们陷入了极度的恐慌之中。

警方确定了这把匕首是本的。随后，他们对科格斯韦尔宿舍内的每个人进行调查，并对与本有联系的人都进行了问询，以获得更多的线索。由于需要与翻译人员合作，调查工作花了好几天才完成。

破案专家约翰推测，凶手一定是校园中的人，因为他能够非常便利地出入这座宿舍楼，并且在实施犯罪时不被人注意。现如今，他有可能就待在自己的宿舍中。

此时，警方再次将注意力放在了明奇身上，因为在本被害时，他正好也在华盛顿特区。于是，警方再次调查他。明奇将于第二天在一个陪审团听证会上出庭做证，这让警方不免产生怀疑，他是否早就来到这里，然后伺机潜入校园杀害本呢?

可是，在本遇害的当天，没有任何人看到明奇在校园出现过。而在陪审团的听证会上，他的证词显示，他只对与埃里克发生争斗供认不讳，并没有承认杀了埃里克。由于既没有招供证词，也没有 DNA 样本能将明奇与犯罪现场联系在一起，明奇的嫌疑人罪名就此被洗脱。

于是，警方继续深入调查，但是仍然没有找到目击证人。他们只好将所有的希望都寄托在现场证据上。鉴定专家对从犯罪现场提取的血足印进行分析后发现，这种鞋印来自某大品牌的综合训练鞋。另外，约翰通过凶器推测，凶手在攻击被害人时也受到了伤害。因为在实施犯罪时，匕首会来回移动，当刺向硬的物体时，凶手的手也会被划伤。

正在警方积极调查时，案情有了新的突破口。银行给警方打来电话称，在本死亡之后，有一张伪造的支票在银行交易。警方调查发现，这张支票是本签署给约瑟夫·梅瑟的支票。

由此，警方开始调查约瑟夫·梅瑟。他是来自关岛的二年级学生，住在埃里克的对面，也就是在埃里克遇害后向宿舍管理员报告的那个学生。

警方通过银行的监控录像发现，约瑟夫兑换的那张支票上面还有一行小字，写着旧笔记本电脑。此外，警方还发现，埃里克与本都认识约瑟夫，但从种种迹象来看，他们并不是很要好的朋友。

于是，警方对约瑟夫进行了审问，他们想要找到无可置疑的证据，即他手上是否有刀伤。果不其然，在审问的过程中，约翰一眼就注意到了他手上的伤口。尽管这一证据已让他无法辩驳，但约瑟夫还是否认了一切。而且，在整个审讯过程中他都在说谎，称自己从来没有进过本的房间，也没有从他那里拿过支票，更没有见过笔记本电脑等东西。

但是，警方认定约瑟夫正是他们要找的人。为了确保万无一失，尽快将凶手绳之以法，他们还需要寻找更为有利的证据。因此，他们将本的支票和监控录像的内容，以及约瑟夫自己承认的事实——拥有一双某大品牌的综合训练鞋等作为证据，获得了对约瑟夫房间的搜查令。

可是，就在警方准备对约瑟夫的房间进行全面搜查时，他却出乎意料地主动前来自首，声称与女友说了自己所犯的罪行，女友劝他应该做正确的事情——到警局自首。于是，约瑟夫主动向警方承认了自己杀害本的事实。

约瑟夫本来带着匕首去的本的房间，但看到桌子上有一把更大的匕首后，他决定用这把匕首刺死本。刺死本之后，他拿走了本的钱包、支票及笔记本电脑等贵重物品。回到自己的房间后，他开始签名，伪造支票。

虽然他说的都是事实，但是约翰觉得他的行为有些过火，因为他的手段极其残忍，如果只是为了钱财，他大可不必杀人。

除此之外，约瑟夫还交代自己杀了埃里克。埃里克是个很容易攻击的对象，因为他患有大脑麻痹症，缺乏平衡感，只要将其推倒，就很容易将其杀害。在此之前，他曾经看到埃里克有一张借记卡，知道里面有不少钱。因此，为了得到更多的钱给女友买东西，他杀害了埃里克，并拿走了他的借记卡。在联合车站取到钱后，他买了几件 T 恤和两辆自行车。

虽然他所说的动机与调查人员之前设想的差不多，但是警方还是需要找出更多的物证，来进一步锁定这起案件。他们搜查了约瑟夫的房间，发现了一双带血的鞋子，这双鞋的鞋印与在本的房间中发现的血足迹完全一致。另外，他们还发现了他用埃里克的借记卡购买的 T 恤和两辆自行车。

警方依据这些证据逮捕了约瑟夫，指控其犯有一级谋杀罪、盗窃罪和抢劫罪等 13 项罪状。最终，法庭宣布约瑟夫的上述罪名成立。

鉴证专家

足迹

足迹是犯罪现场的一种重要的痕迹，也是现场勘测的重要物证之一。通过足迹可以初步判定犯罪嫌疑人的身高、年龄、性别、体态等。另外，通过足迹还可以掌握犯罪嫌疑人的去向及活动情况，从而缩小调查范围，有助于线索追踪，同时也有助于现场重建。

足迹的类型主要包括：

1. 草地足迹。一般来说，不同的草地，其受力之后恢复的能力也有很大差别。当嫌疑人踩踏在恢复能力较强的草地上时，由于草地变形不明显，足迹方向辨别会比较困难，不利于追踪；当嫌疑人踩踏在恢复能力较弱的草地上时，草地变形明显，有利于侦查人员辨别足迹方向，追踪嫌疑人的动向。

2. 沙地足迹。由于沙地比较松软，当犯罪嫌疑人踩踏在上面时会留下比较明显的印迹，从而为侦查人员提供线索，以判断犯罪嫌疑人的去向。

3. 围墙足迹。在一定程度上，围墙为犯罪嫌疑人逃跑、隐匿提供了帮助。有些犯罪嫌疑人会选择将围墙作为出入口，从而为侦查人员提供了线索。侦查人员观察围墙附近的足迹时，可以根据足迹的着力点以及受力点，初步判别嫌疑人的来去方向。

第十二章

完美男友的真相
——双重身份的被害人

在美国迈阿密，某天早上 8 点，一对夫妻正在第四大街附近的老教堂旁边悠闲地遛着狗。突然，他们看到不远处有一个男子趴在地上，周围有很多血。这对夫妻非常害怕，立刻打电话报了警。

法拉克・桑切斯警员接到报警电话后，立刻与阿曼多・阿吉拉警员赶往犯罪现场。当他们赶到的时候，发现躺在血泊中的男人已经身亡。桑切斯一边封锁现场，一边打电话叫来鉴定部门的同事，并让阿吉拉寻找目击证人。

待鉴定人员赶到时，死者的血液已经开始氧化。他们首先对犯罪现场拍了照片，然后搜查被害人的身份证件。但受害人身上没有任何证件。鉴定人员将受害者的身子翻过来检查，发现他的身上伤痕累累，看上去像是受到了刀或玻璃的攻击，手法很残忍。当鉴定人员用激光扫描尸体附近的物体时，发现在一张纸上残留着一个不完整的手印。于是，他们立即提取了犯罪现场的手印、DNA 样本等物证。

桑切斯搜查了犯罪现场的附近，他希望能够找到可能被用作凶器的物品，他推测，如果凶手是用玻璃等利器来刺杀受害者的，那么凶手自己的手上必然也有伤痕。可惜，桑切斯仔细搜查后却一无所获。

而此时，阿吉拉获得了重要的线索。阿吉拉询问了附近的居民后，有一位目击证人告诉他，自己曾看见被害者与两个妓女在一起吸毒。阿吉拉还了解到，经常有一些瘾君子与妓女在这个区域吸毒。

于是，桑切斯与阿吉拉将目击证人带到了警局继续询问。目击证人叫布兰达，她称自己昨晚看到一个男子与两个女孩在路边吸毒。审问经验丰富的警员塔纳约负责与她谈话。

塔纳约问布兰达："你什么时候知道被害者遇害的？"布兰达回答道："今天早上我听姐妹说有人在教堂后面被杀了，我猜想就是他。"

"你认识他们吗？"塔纳约接着问道。

"我认识那两个女孩，她们一个叫罗琳，一个叫卡门。"布兰达想了想回答道。

"她们手上有武器吗？"塔纳约继续问道。

"罗琳好像拿着玻璃。"布兰达回答道。

于是，塔纳约让桑切斯在警方的档案库中搜索罗琳和卡门。她们的全名分别为卡门·格拉佐和罗琳·阿维拉，经常在这一带出现，曾因为吸毒被警察抓过好几次。桑切斯将照片打印出来，拿给布兰达辨认，布兰达立刻确认，她当时看见的就是她们。

于是，桑切斯一面派出巡逻队搜查罗琳和卡门，一面确定受害者的身份。

鉴定人员将被害人的指纹与指纹库中的指纹进行比对后发现，受害者名叫约瑟夫·班克斯，今年 39 岁，是一个瘾君子。为了寻找更多的资料，警方开始进行深入调查。

此时，距离班克斯遇害已经过去 9 个小时了。巡逻队将嫌疑人卡门带回警局，她非常紧张，在审讯室一直不停地抽噎着，看起来很害怕。

塔纳约见状，就安慰她说："你不用害怕，你只要将自己知道的事情告诉我们就行。”但卡门还是有些紧张，她停止了抽噎，问塔纳约：“警官，我不知道自己犯了什么事，你们要将我带到警局。”塔纳约告诉她说：“目前我们正在调查一件谋杀案，与你有关系，所以需要你说出实情。”

“你昨晚在哪里？与谁在一起？”塔纳约接着问道。

“在我朋友家里。”卡门回答道。

“不要撒谎，有目击证人看见你昨晚在大街上与其他人一起吸毒！”塔纳约厉声说道。

“没有，我没有。你们可以问我的朋友，我昨晚确实在她那儿。你们说的有可能是罗琳。”卡门辩解道。

后来，警方通过调查发现，卡门所言非虚，昨晚她确实与朋友在一起，当时在场的还有其他几个人。而她口中的罗琳的行踪，也就是目击证人提及的另一位女孩，需要他们进一步确认。

于是，桑切斯根据卡门提供的地址去找罗琳。说明来意后，罗琳表示愿意去警局协助调查。当桑切斯问她是否认识班克斯时，她却称不认识。问及昨晚她在哪里时，她称自己在家睡觉，一直睡到今天早上。而且，在问询的过程中，桑切斯并没有发现罗琳手上有刀伤或是其他新伤。

桑切斯让她留下 DNA 样本，她也十分配合。鉴定人员对罗琳进行口腔黏膜采样，以提取其 DNA。通过检测发现，罗琳的 DNA 样本与从犯罪现场提取的并不相同。因此，警方认为没必要再让她留在警局中。

警方陷入了困境，之前的一切都白忙活了，需要重新换个调查方向，因为罗琳和卡门与这件案子根本没有关系。于是，他们一方面开始调查受害者班克斯的家属，确认他近期是否与人发生过纠纷；另一方面向破案专家里卡多·约翰寻求帮助。里卡多立刻赶来协助当地警方调查。里卡多侦破过很多谋杀案，经验丰富。

经过调查，警方发现班克斯犯过两次罪：一是妨碍司法公正，二是持枪袭击。可是，当警方调查被害人的家庭状况时，竟然发现他没有家属！这让警方很讶异。

于是，桑切斯根据班克斯的社会保险号码进行调查。调查发现，这个约瑟夫·班克斯根本不是警方要找的人，因为相关记录显示，约瑟夫·班克斯已经去世好几年了。原来，这个受害者用的是个假名字。

里卡多仔细了解案情后，建议根据指纹样本再搜查一遍。后来，警方通过指纹样本找出了凯斯·格林的名字。里卡多推测，凯斯·格林才是受害者真正的名字。于是，他们开始对凯斯·格林进行深入调查。

通过调查发现，凯斯·格林今年 42 岁，国籍是牙买加。除此之外，他们还找到一个女性的住址。警方推测这可能是他的女友或妻子。

里卡多与桑切斯立刻驱车找到那个地址，那名女性正是凯斯的前妻。她与凯斯已经有好几年没见面了。凯斯从牙买加移民到美国已经 15 年了，如今与女友玛西亚及两岁的儿子生活在一起。她还告诉了桑切斯他们的住址。当桑切斯问她是否知道前夫凯斯使用假名字时，她称，虽然自己早就知道凯斯有假名字，但不知道其中的原因。

此时，桑切斯感觉到受害人的身份不简单，本来警方以为他只是一个普通人，却没想到他有双重身份。里卡多与桑切斯探讨，之前遇到的犯罪嫌疑人中也有这样的情况：白天他们是有正常工作的白领，更是爱家的好男人；晚上则是经常出入吸毒场所、红灯区等地方的浪荡子。他们推测，受害者可能也是这样一直用双重身份生活。

当凯斯的女友玛西亚知道凯斯身亡后，非常惊讶，称他是一个非常爱家的男人，经常在家陪她，她并没有发现他吸毒。当桑切斯问她最后一次见凯斯是什么时候时，她称是一个周日，他说要去踢足球，后来就再也没有见过他。

不过，玛西亚还是提供了重要的线索：凯斯在离开家的时候，拿走了她的手机和车。可是，前两天她打电话给凯斯时，却是一个陌生的男人接的，还说她的问题真多，随后不耐烦地挂了电话。

回到警局后，里卡多立刻让技术人员设法定位玛西亚的手机信号，发现是一个名叫尤金・塔克的人持有这部手机，他很配合地来到警局协助警方调查。

在审讯室中，里卡多与桑切斯发现尤金的左手有一道很长的伤疤，看起来像是刀伤，而且似乎是新伤。当桑切斯问他从哪里获得这部手机时，尤金先是称自己两三天前在一个饭店里吃饭时捡到的，后来又改口称自己是从一个瘾君子手里花了 10 美元买到的。

桑切斯认为他在说谎，厉声说道："如今，我们正在调查一件谋杀案，你最好还是老实交代你所知道的，否则，谁也保证不了后果。"尤金随即老实地回答道："这部手机确实是我从一个瘾君子那里买到的。"

"你认识他吗？他长什么样子？"桑切斯接着问道。

"不认识，那附近有很多瘾君子，买完手机我就走了。"尤金回答道。

"你手上的伤口是怎么回事？怎么弄伤的？"里卡多问道。

"前两天在家打破了窗户，不小心被玻璃划伤了。"尤金回答道。

后来，警方通过调查得知，尤金持有的手机确实是从他人手中买到的，而他的手上的伤经他妈妈证实，也确实是在家打碎了玻璃所致。

为此，警方不得不将手机这一线索放一放，开始寻找汽车的线索。不久传来了好消息：巡逻队发现了那辆车，开车的人名叫克里斯，警方发现他时，他正在案发现场附近开着被害人的车。

可是，当警方询问克里斯是从哪里获得的这辆车时，他不满地回答道："你们不会认为这车是我偷的吧！别开玩笑了，这车可是我花钱从一个'烟鬼'的手中买到的。"桑切斯问他："那个'烟鬼'的名字叫什么？"克里斯回答道："帕布罗。"

警方又对帕布罗展开调查。他们推测，这个帕布罗有可能就是凶手。由于已经经历了一些波折，因此他们希望这次能够一击即中。

克里斯带着警方人员去寻找帕布罗，并指认出帕布罗平时常开的车。于是，桑切斯与手下的警员开始监视那辆车。他们决定在附近守株待兔。犯罪分子通常非常谨慎，观察力也很敏锐，为了不打草惊蛇，桑切斯还请求附近巡逻队帮忙，告诉他们帕布罗当时的穿着及车牌号。

当看到帕布罗准备开车离开时，警方立即采取了抓捕行动。在巡逻队的帮助下，他们成功抓住了帕布罗。当警方问他名字时，他却称自己名叫塔里·麦克维尔。警方又问与他同行的人他的名字，对方说叫帕布罗。于是，桑切斯将帕布罗带到了警局。

可是，经过审讯得知，这个帕布罗并不是凶手。他只是在昨晚胁迫了一个瘾君子，从他那里弄到了车，然后又转手将车卖给了别人。当警方问及那个瘾君子的模样时，帕布罗称只知道对方是海地人，高高瘦瘦的。他还告诉了警方骗车的地点。警方不得已，只好将其放走。

可是，警方去了帕布罗所说的地方后，发现搜查出这个瘾君子犹如海底捞针，因为帕布罗只提供了大概的描述和范围。最终，警方一无所获。

就在警方一筹莫展之际，一个人打来匿名电话举报称，在案发当晚，曾看见一个叫格里高利的人与被害人在一起。于是，警方开始对格里高利进行调查。经调查得知，格里高利有犯罪前科，曾犯有二级谋杀罪，还有暴力犯罪的记录。

于是，警方立刻找到格里高利，将其带到警局。里卡多与桑切斯对他进行了审问。

“我们目前正在调查一起谋杀案，而你是见过那名受害者的最后一个人。”桑切斯对格里高利说。

“警官，你说的是凯斯吧？我们都叫他蓝。”格里高利平静地回答。

“你是怎么知道他被杀的？知道他被杀为何不协助警方调查呢？”桑切斯问道。

“我是看新闻才知道的。我知道你们一定会找到我，到时候再配合你们调查也不迟。”格里高利依然平静地回答道。

“你们是在何时见的面？见面时都做了些什么？”桑切斯接着问道。

“我们是在星期天晚上见的面，那天他喝了很多酒，之后开车送我回家。夜里两点左右，到了一个路口我就下车回家了。”格里高利想都不想地直接回答道。

此时，里卡多与桑切斯对视了一眼，一起起身离开了审讯室。从格里高利的口供中可以看出，他是在刻意地将自己与案件撇清，他肯定有重大作案嫌疑。由于曾经有前科，面对审讯，格里高利显得十分沉稳和平静，知道如何面对警察。

随后，他们再次进入审讯室。桑切斯问格里高利：“你们见了面后，都做了些什么？”格里高利回答道：“我们去洗车房买了一些东西，蓝买了一些毒品在那里吸，而我没有吸。后来他说他想抽大麻烟，让我帮他买，我就帮他买了三根。他抽完后，神情看起来非常迷糊。我就提议由我来开车，带着他到海滩上让他清醒清醒。”

里卡多听出他话中有很多问题，就顺势问道：“你与蓝是好朋友吗？眼看着好友都神志不清了，你怎么不将他送回家呢？”格里高利摇了摇头回答：“我与他并不是好友，我们是在一个月前认识的，只见过几次面。”

里卡多反击道：“那更让人难以理解了。你们只是认识没多久，但你不仅主动给他买大麻烟，还主动提出开车带他到海滩边清醒一下。”格里高利开始沉默，不知道是一时语塞还是没有找好借口。

桑切斯让鉴定科的同事对格里高利采集手印样本，他同意了。最终，检验结果证实了格里高利确实在说谎，因为在犯罪现场发现的手印正是他的。在铁证面前，格里高利不得不对自己的罪行供认不讳，承认是他杀了凯斯。

鉴证专家

手印

手印往往能够反映出嫌疑人的年龄、身高等特征，被称为“证据之王”。

手印提取的方法：

1. 粉末法。一般而言，常用的粉末有黄铜粉、石墨粉、铝粉等。通常会用喷粉毛刷法、撒粉毛刷法等。

2. 激光显现法。采用紫外线或激光照射能够使手印中的汗液产生荧光。这种方法通常适用于在玻璃、木材、塑料、纸张等上面留下的手印。

3. 硝酸银显现法：使用细毛刷或棉球蘸上浓度为 1%~5% 的硝酸银溶液，将其轻轻地涂抹在物体的表面，或是将沾有手印的物体浸入溶液中，等待1~2分钟后取出来，放置在阴暗处晾干，然后再放置在较强的灯光下或太阳光下曝晒，从而使手印显现出来。不过，值得注意的是，当手印显现出来后，要避光保存或是对其拍照留存。这种方法通常适用于提取留在粗糙或潮湿的纸张、竹制品等物体上的汗液手印。

第十三章

残暴的凶手——切腹盗婴案

在密苏里州的斯基德莫尔小镇上，居民们友好相处着，大部分人都在这里住了大半辈子了，彼此非常熟悉。贝基·哈珀是其中的一员。她一直生活在斯基德莫尔，在镇上的加油站工作。贝基 23 岁的女儿波碧·乔是一位准妈妈，已经怀孕 8 个月了，胎儿已被医生确定是个女孩，因此，她们给孩子取名叫维多利亚。贝基与女儿都很期待这个新生命的到来。

这一天，贝基与波碧约好下班后见面。可是，下班后她等了很长时间也没见波碧过来。于是，她打电话给女儿，可电话却是由答录机接听的，她只好给女儿留言："波碧，妈妈已经下班了，我在等你，听到留言请给我打电话。"

又等了一会儿，贝基还是不见波碧。是女儿忙着做什么事忘记了跟她见面吗？或者，是出了其他事呢？贝基决定去波碧家中一探究竟。当她走到房门前时，发现事有蹊跷，因为门是半开着的。她感觉不对劲，立刻快步往屋里走去。刚走进客厅，她就被眼前的一幕震惊了：女儿波碧躺在血泊中！

贝基立刻走上前，趴在地上呼唤女儿："波碧，快醒醒啊！"但波碧却没有任何回应。惊慌中，贝基立刻拨打了 911 求助电话："我需要帮助，我女儿现在躺在地上，身上有很多血。"911 接线员一边安抚她的情绪，一边教她做心肺复苏进行紧急抢救。同时，立刻通知警察与救护队前往事发现场。

几分钟后，警察赶到现场，立刻为波碧做心肺复苏。一旁的贝基非常害怕，她对警察哀求道：“请你救救我的女儿，她已经怀孕8个月了。”可是，警察看波碧根本不像孕妇，她的小腹很平坦。这时，警察才发现波碧的腹部有刀口。虽然医生全力抢救，但还是没有挽回波碧的生命。

兰迪警员与鉴定部门的同事立刻封锁现场，追查波碧的死因。他们发现波碧的颈部有绳子的勒痕，而且很深、很明显。另外，波碧的下腹有刀伤，警方因此推定婴儿是被切腹偷走的。

除此之外，他们还发现在波碧的手中攥有一些黄色头发，可能是在挣扎时拽掉的。这头发既可能是凶手的，也可能是波碧自己的。她的手指上也有伤痕，可能是在挣扎时弄伤的。

法医经过检查告诉兰迪，由于波碧在死前已经怀孕8个月，婴儿现在很有可能还活着。但也有另一种可能，就是婴儿已因缺氧死亡，或是已在运送过程中死亡。因此，警方需要尽快找到婴儿，以确保其安全。

警方一方面被凶手的残忍所震惊，竟然这样对待一个孕妇；另一方面也为波碧的家人没能见到新生儿而遗憾。他们深知这件案子十分棘手，于是，立刻向破案专家寻求帮助。

破案专家库特有多年侦破儿童绑架案的经验，他也有一个像波碧那么大的女儿。接到这一任务后，愤怒立刻刺激了他的神经。其实，一年前，库特就曾遇到过类似的案件：俄克拉荷马州的一个妇女就被人以同样的方式劫走了自己腹中6个月大的孩子，由于婴儿太小，最终也没有存活下来。凶手是一个贩卖儿童的团伙中的人员，已经被缉拿归案。

警方开始调查每一个可能的角落：垃圾站、河边等，但一无所获。同时，他们对一些凶杀案进行侦查，希望能够从中找到有关婴儿的线索，但依然没有收获。随后，他们将注意力转移到孩子的妈妈波碧上，对波碧及其家庭背景做调查。

波碧出生在斯基德莫尔，一直都生活在这个小镇上。高中时期她曾是学校的啦啦队长，并因此获过奖。一年前，她嫁给了自己的如意郎君——泽布·斯汀奈特。他们的婚礼是由当地的牧师主持的，小镇上的居民都见证了他们这一幸福而庄严的时刻。

婚后不久，波碧就怀孕了。她与丈夫泽布非常期待孩子的到来，知道是个女孩后，就特意给她取了名字叫维多利亚。他们时常用胎心监测仪听孩子的心跳，与孩子对话，这让他们感到很幸福，仿佛孩子已经来到了他们的身边。

出于必要，警方要排除波碧的丈夫泽布的嫌疑。案发当天泽布正在公司与同事一起工作。同时据调查得知，他们夫妻恩爱，波碧也过得很幸福。

如果不是丈夫所为，那么其他家庭成员有没有嫌疑呢？经过调查，警方发现波碧竟然是其家族中第三个被谋杀的人。此前，她的侄女温蒂被男友谋杀，侄子布兰森也被谋杀。如今，波碧成了家族中的又一个受害者。可是，这几件谋杀案之间毫无关联。

库特调查后发现，波碧有一个爱好——养狗，并且还开了一家宠物商店，在网上发布过很多广告，很多人都知道她养狗，她还因此在网上结交了很多喜欢养狗的人。波碧还曾带着小狗参加过杂技比赛，并获了奖。

怀孕之后波碧不经常出门，而是花更多时间在家里饲养那些小狗，并在网上与好友分享自己怀孕过程中的点点滴滴。另外，波碧还喜欢在镜子前自拍孕照，并上传到网上。

是不是这些照片引起了一些犯案者的歹念，从而对波碧行凶呢？警方开始查阅波碧的电脑信息，想找到有关嫌疑人的线索。

正在此时，波碧的母亲贝基提供了一个重要线索。她回忆道，案发之前曾有个陌生人来拜访女儿，说是要买几只小狗。波碧曾在案发当天下午的 2 点半左右与母亲通过话，告诉她今天家里会有人来买狗。

这个前来买狗的人引起了警方的注意。他们问询波碧的邻居，是否在案发当天见过可疑的人或车辆。有邻居称，曾看见一辆暗红色的汽车停在路边，车型是进口的，但并不清楚是什么时候离开的。

于是，警方发布了有关嫌疑人的信息：黄色头发、暗红色进口汽车、被偷走的婴儿是白种人。不久，案情有了新的进展。

有人举报称，在公路上看到过一辆符合描述的汽车。警方立刻寻求公路警察的协助，追踪那辆暗红色的汽车。当警笛声响起后，那辆汽车突然提速。但渐渐地，车主将速度降了下来，在路边停车接受检查。原来他只是因为没有驾照而想加速逃跑，与谋杀案没有任何关系。

警方设立了电话专线，接收任何关于婴儿的消息。不久，他们就接到很多举报电话。有人称，曾在黑市上看到有人正在买卖孩子。还有的人称，曾看见三个人在路边卖婴儿。但警方跟进这些线索后发现，它们都与这起谋杀案没有关系。

虽然一次次希望最终换来的是一次次的失望，但警方依然没有气馁，继续不辞辛苦地深入搜查，没有人顾得上休息，只希望能尽快找到那个危在旦夕的婴儿。

终于，破案专家库特在搜查波碧的电脑时，发现了重要线索：在案发当天，波碧曾用电脑与两个人联系过，一个人的注册名为贾森·道森，他们是在同一个网络圈认识的；另一个人的注册名为达琳·费舍尔，达琳在给波碧的邮件中曾提到过孩子。

他们首先联系了贾森，通过贾森了解到，达琳曾在网上询问他是否出售小狗。由于贾森认识波碧，就告诉达琳，自己有个朋友卖小狗。于是，在聊天室中，贾森将波碧介绍给达琳，让她们二人单独联系。

可是，警方在调查了达琳之后发现，虽然邮件地址显示她来自堪萨斯州，可是查询相关资料后并没发现这个人，也没发现任何关于这个人的记录。因此，库特推测，达琳用的是化名。

正在此时，一个电话让案情有了更大的转机。住在堪萨斯州的一位名叫帕奇·休斯的女士打来电话称，波碧的婴儿有可能在她的邻居莉莎·蒙哥马利手中。因为昨晚莉莎的女儿在他们家做客，当时她听见这个女孩在给自己的妈妈莉莎打电话时，对方提到，家中又增添了一个家庭成员，是个女孩。莉莎的女儿因此很开心，还与帕奇分享这一好消息，声称妈妈给自己生了一个妹妹。

可是，帕奇却认为莉莎在撒谎，因为她总是爱说谎。在此之前她一直对外人说她有身孕了，而且怀的是双胞胎，但她看起来一点也不像怀孕的样子。因此，帕奇怀疑她之前只是假装怀孕。后来，帕奇看到新闻，得知波碧被人谋杀，腹中的孩子也被偷走，她更加认定是邻居莉莎偷走了孩子。

警方经过调查后发现，莉莎确实与波碧有过联系，她们都带小狗参加过杂技比赛，还曾合过影。另外，经过追查发现，达琳所发的邮件正是莉莎以匿名的方式发出的。上述线索都指向了莉莎。由此，警方更加确定她就是犯罪嫌疑人。

于是，库特与兰迪带着几个同事驱车赶往堪萨斯州，并请求当地的警方协助。为了不让嫌疑人觉察，并伤害到婴儿，警方到达莉莎家附近后，先隐藏了起来。

不久，一辆暗红色的汽车进入了警方的视线，里面坐着一对夫妇。库特与兰迪等人屏住了呼吸，当他们看到那个女人抱着一个婴儿时，内心燃起了希望，祈祷这个孩子就是警方一直在寻找的波碧的孩子。当这对夫妇进入房门后，库特等人下了车，前去敲门。

一个男子开了门，双方互报姓名后，警方得知这个男子就是莉莎的丈夫凯文·蒙哥马利。看到他们穿着便衣，凯文问道："警官，请问发生了什么事情？"库特回答道："我们目前正在调查一起谋杀案，请问，我们能进屋查看一下情况吗？"凯文回答道："可以。不过我的妻子昨天刚刚生产完，希望你们不要过多地打扰她。"

库特等人进屋后发现，电视机正开着，电视画面的右下角正在播放警方发布的谋杀案消息，莉莎则抱着婴儿坐在沙发上，正在逗孩子。

库特走上前去，看到莉莎怀中的婴儿气色看上去还不错，心里顿时松了一口气。但是，学过医学的库特从一些特征上可以看出，这个孩子不是自然分娩的，而像是剖宫产的。

库特试图先稳住莉莎的情绪。他循例问了莉莎一些关于孩子的情况："你的孩子什么时候出生的？"莉莎高兴地回答道："昨天在诊所出生的，我们非常惊喜。当时我正在购物，突然肚子疼痛起来。虽然在此过程中差点难产，但我还是顺利地把孩子生了下来。"凯文也称，昨天他与两个年轻人在诊所的车库旁接到妻子莉莎。

库特虽然表面上点头称是，但他的心里还是有很多怀疑。他时刻注意着莉莎，思考着如何才能让她放下手中的婴儿。于是，他接着问道："我们需要核查所有的细节，请问你们有孩子的出院证明或是其他证明吗？"莉莎立刻回答道："有的。凯文，你去车上拿一下。"

可是，凯文很为难地回答道："我不知道放在哪里。"莉莎没有立刻表现出紧张，而是故作轻松道："你忘了，昨天我上车的时候不是递给你了吗？"凯文摸着脑袋想了想，依然回答道："我真的不知道放在哪里了。"

此时，库特断定他们没有这些证件，于是，他借势对莉莎说："我能与你单独谈谈吗？"莉莎同意了，将孩子顺手交到了另一个警察手中，然后起身与库特出门。她的举动也好似刚刚生产完一样，一边走还一边抱怨自己的身体依然很疼痛。

刚走到门外，还没等库特问她，她便说："其实，孩子不是在医院生下的，而是在家里的厨房生的。不过情况还好，是由两名女性朋友帮我生产的。因为凯文的工作不顺心，我不想让他为医药费的问题操心，但是我并没有告诉他。"

可是，当库特问她那两位朋友的姓名时，莉莎却说不出来。后来她又改口称，朋友是通过电话指导她生产的。

库特知道莉莎一直在说谎，就劝她说："你肯定不想闹到法庭，也不想成为他人眼中的恶人吧？"莉莎的回答让库特吃了一惊，她立刻回答道："我就是一个恶人。"随后，她向库特坦白了一切，称正是她杀了波碧。

她与波碧相识于一个小狗杂技比赛，知道波碧怀孕的事情后，她就开始计划这次杀人行动。莉莎是再婚，带着两个孩子与凯文结了婚，她想为凯文再生一个孩子，可结婚多年却一直没有身孕。她不想让凯文失望，因此，她谎称自己怀孕了，并且是双胞胎。

认识波碧后，她故意表现得很友好，对波碧非常亲密。与此同时，她经常在网上搜索一些关于早产儿的事情。后来，当她得知波碧肚子中只有一个孩子时，立刻向丈夫撒谎称，肚子中的双胞胎不小心流掉了一个，另一个需要引产。丈夫凯文表示想要亲眼见证孩子生下来的过程。

此时，莉莎意识到要加快自己的“生产”过程——尽快偷走波碧的孩子，以免被丈夫发现。

因此，她给自己起了化名——达琳·费舍尔，用假名给波碧发邮件，声称要去买狗。随后，她开始在网上了解剖宫产的过程，并购买了分娩的装备。去找波碧前，莉莎还带了绳子和刀，背着妈妈用的婴儿包。

在出门前，她将电脑中与波碧来往的邮件、假名注册的账户以及查询剖宫产的所有记录等能将她送进监狱的证据统统删除。

随后，她开车到了波碧家中。先是心怀鬼胎地与小狗玩了一会儿，等波碧弯腰将小狗放回笼子里时，她立刻拿出绳子勒住了波碧的脖子，使其昏迷过去。

当莉莎用刀切开波碧的肚子时，疼痛让波碧醒了过来，她立刻挣扎起来，想要救自己和孩子。但莉莎再次勒住她的脖子，由于用劲过猛，波碧被活活勒死了。

莉莎看到婴儿后，非常兴奋，但是她没有立刻抱走孩子，因为脐带还连着。她很慌张地拿起刀割断了脐带，然后迅速抱走孩子上了车。开了一段路程后，她停下来看了看孩子，确保孩子没事后，将脐带夹夹在孩子身上，并做了简单处理。

快到家时，她在路边的电话亭打电话给丈夫，声称自己正在购物时孩子出生了，并让他到诊所的车库旁去接她。当晚，他们一家人很开心地庆祝孩子的出生，并与孩子合照。

莉莎还向库特表示，这一切都是自己计划的，与丈夫没有一点关系。

警方立刻将婴儿送到医院。幸运的是，孩子只是眼部受了一点小伤。破案的消息传到了斯基德莫尔小镇上，居民们都感到非常庆幸，孩子能够安然无恙地回来真是一个奇迹。

后来，警方在莉莎的车子里发现了婴儿的脐带，以及她犯罪时使用的刀和绳子，绳子上还留有波碧的头发。而波碧手中的头发经过 DNA 检测证明正是莉莎的。最终，莉莎因绑架罪和杀人罪被判处死刑。

鉴证专家

头发是在犯罪现场最易提取到的物证之一。对头发进行 DNA 提取时，首先要选择带有毛囊的头发，将其先后放在蒸馏水和 95% 的乙醇中分别漂洗两次。

其次，取近根部的头发 1~2 厘米，将其剪碎，放入 1.5 毫升的离心管中。

再次，在离心管中加入消化液，在 37℃的水浴中保温大约 10 个小时，让头发完全溶解。

最后，用等体积的饱和酚对消化液抽提两次，再用等体积的氯仿异戊醇（24：1）对消化液抽提两次，让酒精沉淀 DNA。之后将其放置在室温下晾干，再加入 TE 缓冲液对 DNA 沉淀进行溶解。

第十四章

亿万富翁被杀案——妻子的情人太猖狂

2001 年 10 月 22 日的早上，马克·安奇森去找朋友泰德·艾蒙。泰德是一位亿万富翁，今年 52 岁了，独自一人住在东汉普顿的豪宅中。

当马克走到泰德家门口时，看到门敞开着，心里不免有些生疑，因为平时泰德家的门从来都是紧闭着的。带着疑问，马克进入了泰德的豪宅。在一楼没看到泰德的身影，马克猜想，他可能在二楼的书房或卧室。可是，当马克走到卧室后，被眼前的情景震惊了：泰德一丝不挂地躺在血泊中！马克立刻拨打了 911 报警电话。

接到报警电话后，文森特·达利警长立刻带着鉴定科的同事驱车赶往犯罪现场。他们封锁了现场并拍照，紧接着检查尸体的状况。根据泰德的死状，鉴定人员推测他是被突然袭击的；从尸体身上没有穿衣服，推测他可能是正准备睡觉时被凶手袭击的；从尸体上的伤口可以推定他是被钝器所伤；而从现场血迹的情况来推定，由于受害人奋力反抗，导致凶手用钝器更猛烈地击打。

随后，调查人员开始搜查现场，发现狡猾的凶手不仅带走了凶器，还将床边的寝具也带走了，以免留下自己的指纹。

房间被翻得乱七八糟，虽然受害者的钱夹放在非常显眼的台子上，并且里面装有 1800 美元，但凶手并没有拿走钱夹，只带走了房间里其他的一些贵重物品。这让文森特感到有些费解：凶手是入室抢劫，还是伪装犯罪现场来误导警方呢？如果是纯粹的入室抢劫，凶手不至于下如此狠手。再加上受害者的受伤程度和致死原因，警方推测凶手有可能是与泰德有过节的人。

于是，他们一面加大力度进行调查，一面向破案专家寻求帮助。破案专家珍妮特·艾伯特前来协助当地警方调查此案。了解案情后，她搭建了泰德家的模型，证明了这起谋杀案确实不是简单的盗窃案或劫杀案。拿走一些贵重物品，只是凶手伪装犯罪现场的伎俩，实际上，是有人蓄意杀害泰德。

文森特从马克口中得知，泰德正在与妻子露莎协议离婚，他们轮流住在这座豪宅中。上个星期六，正是轮到泰德住在这里的时间，谁知他却遇害了。马克还告诉警方，泰德的妻子露莎带着孩子与男友住在曼哈顿。

于是，文森特与珍妮特来到曼哈顿想找露莎问话，可是却遭到露莎 38 岁的男友丹尼·佩洛西的阻拦。他声称，露莎现在的心情很不好，孩子们也是如此，他们不想被打扰。吃了闭门羹，让文森特与珍妮特非常生气。

当他们第二次去时，露莎与男友已经聘请了律师帮他们回答问题，这对警方调查案件产生了阻碍。

对此，珍妮特决定重新检查案发现场。当他们重新检查了泰德家的安全系统时发现，案发时报警装置并没有打开。

为了了解更多有关安全系统的信息，警方找到了当时安装这一系统的专家约翰·康德。约翰表示，除安全系统外，他当时还在这所豪宅的各个角落中装上了复杂的摄像系统。系统硬盘可以存储 3 个月之内的图像信息，只要通过笔记本电脑联网，就可以对房间里的一切了如指掌。硬盘被放在一个非常隐秘的位置。

警方希望找到硬盘查看当时现场所发生的一切。可是，当警方到那个隐秘的位置搜查时，却发现硬盘不翼而飞了。

珍妮特问约翰："这个硬盘存放的位置除了你知道，还有谁知道呢？"约翰回答道："丹尼也知道，是丹尼帮忙买的。"原来家中的这些安全系统是在主人泰德不知情的情况下安装的，也就是说，安装者对他在这所房子中的一切行踪都了如指掌。由此，珍妮特怀疑丹尼与这起谋杀案脱不了干系。

警方开始调查丹尼的背景：他曾经有过很多犯罪记录，但都是一些小问题，大部分都与酒精有关，比如酒后驾车、酒后闹事等。

在案发前，露莎与丹尼都在曼哈顿。但周六时，丹尼去了自己的姐姐家，而他姐姐家离案发现场只有 40 分钟的车程。周日凌晨 2 点左右，丹尼离开了姐姐家，声称去见朋友。由此，警方感到他的行为更加可疑。与此同时，警方还发现，泰德遇害的时间，正好是他与露莎的离婚事务快要结束的前几天。

泰德去世 3 个星期后，45 岁的妻子露莎继承了一切财产，仅房产一项就有 1000 多万美元。之后，警方发现丹尼一直在不停地挥霍钱财，还曾带着 50 万美元去拉斯维加斯赌博。据警方调查得知，丹尼是在泰德遇害前 11 个月与露莎相识的，后来成为她的同居男友。

露莎出生在南加州一个经济条件一般的家庭中，她的母亲与一个水手外遇后生下了她。在她 10 岁时，母亲得了癌症离开了她。露莎大学毕业后为了实现自己的艺术梦，只身去了纽约。但在纽约，她只找到了一份房地产推销员的工作。在此期间，她认识了泰德。

泰德出生在纽约北部一个中产家庭中，头脑聪慧，上学时学习成绩非常优秀。从宾尼法尼亚州的巴克内尔大学毕业后，他曾短暂地涉足过法律界。随后，他很快转行进入了银行投资业，还被卷入了当时最大的杠杆收购案中。后来，泰德的个人财富开始不断增加。

当初，34 岁的泰德想在曼哈顿找一所新公寓，便约了当时 27 岁的房地产推销员露莎见面。可是，因为事务繁忙，泰德没有按时出现在约好的地方。第二天，他接到了一个声音温柔而带有抱怨的电话："您以为只有您的时间宝贵吗？难道别人的时间就不是时间吗？"

泰德被她的坦率吸引，两人开始交往。两年后，两人便结了婚。因为不能生孩子，他们领养了一对儿女。泰德的个人财富仍在不断地增加，在许多地方都拥有了房产。

虽然他们一家看上去甜蜜美满，但露莎的猜忌心变得越来越重，她开始怀疑泰德对自己不忠。为了挽救自己的婚姻，她带着泰德离开了纽约，搬到了英格兰的庄园中，认为这样他们会有更多的时间相处，可以隔断泰德与其他女人的接触。可是，泰德却经常去纽约出差，这让露莎更加疑心。

一年夏天，露莎在泰德的办公桌上发现了一份离婚协议书。于是，她立刻带着孩子飞回纽约申请离婚。从此，她与泰德的"离婚大战"拉开了帷幕。

露莎在纽约买了一套房子，进行了昂贵的装修。在房子装修时，她带着孩子在酒店的总统套房居住。在此期间，她认识了电工丹尼。

丹尼是在长岛南岸的小渔村长大的，后来他们一家搬到了纽约的皇后区。丹尼 19 岁的时候，因为女友怀孕而与之结婚。婚后，丹尼经营着一家电器维修店。可是好景不长，由于酗酒、赌博等恶习，丹尼的生活变得越来越窘迫。后来，他还曾因为酗酒驾车和闹事等罪行被送进了监狱，婚姻也随之名存实亡。

当朋友向露莎推荐丹尼时，丹尼看到了自己发财的机会。他拍着胸脯对露莎说："你把这个装修工程包给我，我只要 8 万美元，就可以在一周的时间里将它搞定。如果做不好，我就不收一分钱。"

为了赶工，丹尼每天都在房子门前的卡车里住。露莎与他朝夕相处，没过多久，就一起住进了酒店的总统套房，由老板与工人的关系变成了情人关系。而丹尼也真正离开了妻儿，与露莎一起生活。

虽然露莎知道，如果泰德发现了自己有了外遇，不仅会气得爆炸，还会减少给她的开支，但她依然难以与丹尼分开，还经常给他买各种奢侈品，带他出入各种高档场所。自从她与丹尼同居后，每个月的生活费高达 7 万美元。

随着两人感情不断升温，露莎对泰德越来越讨厌。她曾对丹尼称，她非常恨泰德。当他们协议离婚时，泰德给露莎的赡养费是 1000 万美元，但是露莎认为自己分得太少了，她还想要更多。

在协商赡养费的过程中，疑心很重的露莎怀疑丈夫在转移财产，因此，她想秘密地监视泰德。丹尼给她出谋划策，告诉她可以在家中安装秘密监控系统，这样就能随时掌握泰德在家中的情况。

于是，在 2001 年的春天，他们在东汉普顿的房子里秘密地安装了监视器，而泰德对此却浑然不知。与此同时，由于露莎的装修账单和生活支出越来越高，引起了泰德的怀疑。他准备停止付钱，这使事态变得更加严重。

2001 年 10 月，泰德与露莎的离婚协议终于要定下来了。但就在他们准备签订协议的前几天，泰德突然横尸家中。

珍妮特推测，泰德死后，露莎就可以继承全部遗产，也没有人再阻止她与丹尼在一起，这有可能就是露莎的作案动机。而丹尼不仅会拥有自己心爱的女人，更会拥有她更多的钱财，这可能是他的作案动机。在此基础上，警方还需要搜查更多的证据，证明他们与谋杀案有关。

此时，丹尼与露莎结婚了。大家对此都感到很吃惊，毕竟泰德才刚刚去世，但这也是早晚的事。露莎继承了泰德共 8000 万美元的遗产，这对嫌疑人夫妇随后搬到了英格兰的庄园中。

珍妮特与文森特不肯就此放弃，声称不管他们搬到哪里，都会一如既往地调查下去。

警方调查了 3 个月，想要找到新的线索。可是，丹尼为自己的亲戚朋友都请了律师，这让警方在调查中受到了重重阻碍。

不久，案情有了新的进展。丹尼在英格兰待了不到一个月就回到了美国，在美国他因为酒后驾驶受到了指控。于是，警方希望抓住这个机会，拖延他留在美国的时间。

为了丹尼，露莎也带着孩子回到了美国，他们在丹尼的老家买了房子。正在警方积极调查案情时，情况突然发生了变化。露莎开始不停地咳嗽，甚至突然晕倒了。送到医院检查后才发现，她得了乳腺癌。但是，露莎不愿意接受化疗，一方面，她不舍得剪去自己秀丽的长发，另一方面，她不愿意让丹尼看到自己变丑的样子。

警方开始向丹尼及其家人施压，终于找到了与泰德谋杀案有关的线索。据丹尼的父亲称，丹尼在婚礼时曾问父亲如何能够彻底销毁一件东西，让人永远都找不到它，当时他的父亲就感觉有些不对劲，但没有在意。警方怀疑丹尼所说的东西就是硬盘或凶器。

丹尼的姐姐称，在案发前一天，即周日凌晨，丹尼准备出门前给了她一个拥抱，她感觉到丹尼的衣服兜里有硬邦邦的东西，当时还以为是他的手机或是钥匙之类的物品。不仅如此，丹尼还曾使用家里的电脑登录泰德家的安全系统。但是作为姐姐，她不相信弟弟会杀人。

后来，警方查出丹尼曾经买过一把电击枪，他还在其他人身上试验过这把电击枪的威力。可是，当警方问及丹尼这件事时，他却称是买给露莎的，她经常去公园散步，电击枪是给她防身用的。

由于泰德的尸体已经被火化，警方只能依靠尸检报告查看他当时受的伤。后经专家鉴定，这把电击枪很有可能就是作案凶器。

2003 年 2 月，丹尼因为酒后驾驶被判入狱 4 个月。警方利用这段时间积极地寻找线索和证据，并召集高级专案陪审团，随时传唤证人。

破案专家珍妮特想到的第一个证人就是露莎。此时，她的病情越来越严重，珍妮特希望能够尽快与她对话。珍妮特认为，当一个人快要死亡时，有些事是不想带到另一个世界去的。同时，法庭还给了露莎做证豁免权，但是她依然不肯出庭做证。

与此同时，露莎找律师修改了自己的遗嘱，并带着孩子搬回了东汉普顿的房子里。同时，她还将孩子的抚养权和这栋豪宅的所有权全部交给了孩子的保姆。不久后，露莎死于乳腺癌。

警方继续深入调查，不久，案情又有了新的进展。据丹尼的两位狱友称，他们曾听丹尼亲口讲述过自己是如何将泰德杀死的。丹尼还狂妄地告诉他们，警方永远也找不到自己杀害泰德的凶器和证据，自己伪装的犯罪现场简直是天衣无缝。

警方依据这些间接证据起诉丹尼犯有二级谋杀罪。最终，法庭宣布其罪名成立。

鉴证专家

伪造犯罪现场

伪造犯罪现场，是指嫌疑人故意改变犯罪现场的证物，以误导调查人员侦查方向的一种行为。大多数的案件都存在伪造现场的情况，一些证据会被模糊或改变。对此，调查人员在重建现场时，要配合毛发、衣服、血痕等其他证据进行仔细的侦查。

第十五章

小岛上的哀歌
——扼杀天使的恶魔

一天晚上十点半，在得克萨斯州的加尔维斯敦海湾，渔民罗伯特·斯宾正在海上捕鱼。可是，由于海浪比较大，难以看清鱼的位置，他的收获很少。于是他打算再前行一英里，看能否捕捞到更多的鱼。

前行一段距离后，他看到前方有一座杳无人迹的小岛。通过船上的探照灯，他看见小岛的岸边有一个箱子。出于好奇，他降低船速，将船锚定后，下船朝那个箱子走去。

越靠近那个箱子，他越感到不对劲：一个荒岛上怎么会有这样一个塑料箱子呢？打开箱子后，他发现里面有一个黑色垃圾袋。再打开垃圾袋，惊悚的一幕出现了：袋里竟然装着一双小鞋子和一个孩子的尸体！

斯宾吓得连连后退，立刻拿出手机拨打了911报警电话。

接到电话后，麦克·巴里警官与汤米·汉森警员立刻乘直升机来到这座小岛上。由于当时正是晚上，他们便利用手电筒搜查岛上可能存在的犯罪痕迹。但是，彻夜搜查后，他们什么也没发现。于是，警方只好先将装有尸体的箱子带回警局，等待鉴定结果。

法医斯蒂芬·帕斯蒂尔尼克经过鉴定发现，孩子的年龄在2到4岁之间，是个女孩。由于尸体已经腐烂，外在的伤痕已经无法辨别。但通过鉴定依然可以发现，孩子并不是意外身亡，而是被他人蓄意谋杀的。因为孩子的头部受到了严重的撞击。虽然蹒跚学步时期的孩子偶尔会摔倒，但斯蒂芬经过鉴定发现，这个孩子头部受到的撞击并非摔倒所致，而是被人用力地摔出去导致的。遗憾的是，孩子的身上没有发现犯罪嫌疑人的DNA。

由于不知道孩子的名字，也没有任何线索，警方的调查阻力重重。他们只好向上级警署寻求帮助。接到通知后，破案专家唐·格与本杰明·斯多明前来协助当地警方进行调查。

唐了解案情之后推测，通常而言，有关孩子的谋杀案基本都会涉及成人的私人感情。因此，在找到犯罪嫌疑人之前，最为关键的是先找到孩子的父母。

本杰明开始咨询海湾专员，希望能够找到有关孩子的线索，以联系上她的家人。可是，由于加尔维斯敦海湾有很多国际船只，小岛上的幼童有可能是其他国家的孩子，这就扩大了调查的范围。当地的执法机关首先从当地失踪人员数据库开始搜查，希望能够找到孩子的相关线索，结果却一无所获。

此时，肖像专家画出了孩子的长相与穿着：蓝色的眼睛，金黄色的头发，穿着粉红色的衬衫与裙子，脚上穿着紫色的网球鞋，是个非常可爱的小女孩。由于不知道她的名字，警方给其命名为“魅力宝贝”。

随后，警方借助媒体向民众公布了孩子的肖像和鞋子的照片，希望认识这个孩子的人能够给他们提供更多破案线索。

距离幼童尸体被发现已经过去48小时了，警方还在奋力追查着。不久，上百条举报线索涌现出来。有一个男子打来电话称，在他们家对面曾住过一个小女孩，跟警方公布的“魅力宝贝”非常像。但在某天晚上，他们一家人急匆匆地搬走了。他至今没再见过他们，也没再见过那个小女孩。

警方通过调查发现，虽然那个家庭有很多孩子的衣服和鞋子，也有很多关于孩子的照片，但是那个孩子是他们帮别人照看的，孩子后来已被送还给她的父母。

警方还接到一个来自5000英里外的举报电话，声称一名4岁大的小女孩马林德·麦卡恩与父母在葡萄牙度假时被人偷走了。现如今，葡萄牙警方还在追查此事。

唐与葡萄牙警方取得了联系，从他们那里得到了马林德的DNA样本。可是，经过比对后发现，她的DNA与“魅力宝贝”并不相符。

警方只好重新梳理线索，继续全面追查犯罪嫌疑人。正当警方展开大海捞针般的调查时，两个在加尔维斯敦海湾钓鱼的渔民打来举报电话，让案情有了转机。

这两个渔民称，案发当晚他们在加尔维斯敦海湾钓鱼，发现不远处有一辆破旧的模型车拖着一条船。进入港口后，船只才启动。船上有一对夫妇，但是他们没有渔具，不像是出海钓鱼的人，船上还有一个蓝色的塑料箱子。驶入海湾一个多小时后，他们才回来。这时，两个渔民发现那只蓝色的塑料箱子不见了，还听见船上的女子在不停地哭泣。

很可惜，由于当时天色比较黑，他们并没有看清车牌号，这给警方的调查增加了难度，警方只好扩大搜索范围，在方圆200英里的区域内进行仔细的搜查，希望能够找到那辆汽车和那对夫妇。

正在搜查之际，加尔维斯敦的人们自发为遇害的小女孩举行了烛光追悼会。警方怀疑那对夫妇有可能会在那里出现。于是，唐与本杰明带人隐藏在人群中，希望能找到凶手。同时，他们还让其中一个打举报电话的渔民参加了烛光追悼会，希望他能认出那对夫妇。

不久，唐就在人群中锁定了一个女人。她的行为非常怪异，总是不停地打量身边的人，好像在躲避某人似的。唐刚想下达命令让人跟踪她，以便查清她的车牌号，那个女人却突然消失不见了。于是，调查人员开始着手搜寻这个形迹可疑的女人。

9 天过去了，警方不分昼夜地寻找着。虽然警方已经获得了 300 多条线索，但依然没有任何实质性的收获。此时，唐有了一个大胆的推测：凶手有可能就是孩子的父母或是其他家庭成员，凶手是将孩子杀害后，再丢到海里的。

就在调查人员积极地搜查那名形迹可疑的女人时，来自俄亥俄州的谢乐尔·索耶尔斯打来了举报电话。她称自己今天在网站上看到关于“魅力宝贝”的新闻后，注意到孩子身上的衣服与自己买给孙女莱利·安的衣服非常像。

她曾与孙女一起生活过很长一段时间，但现在已经有好几个月没有见到她了。莱利的妈妈金伯利娜与谢乐尔的儿子罗伯特因为孩子的监护权产生了纠纷，不久后，金伯利娜就带着孩子离开了家。

后来谢乐尔才得知，与儿子罗伯特离婚后，金伯利娜与一个名叫罗伊斯·齐格勒的男人结了婚，他们曾住在得克萨斯州的休斯敦。

如今，从网上获知“魅力宝贝”被害的消息后，谢乐尔非常担心自己的孙女，她希望警方能帮她找找孙女，确定她是否平安。

于是，麦克警官带着几位警员去了莱利与妈妈金伯利娜和继父罗伊斯一起住的地方。此时，罗伊斯正好在门前修理草坪，看到警察来到，他主动上前介绍自己。

当麦克警官问他莱利·安是否住在这里时，他立刻回答道：“莱利不住在这里，她已经被俄亥俄州的儿童保护服务机构带走了。”此时，他的妻子金伯利娜恰好从房间里走了出来，她确认罗伊斯所说的话属实。

可是，麦克警官却对他的话非常怀疑，因为任何执法人员都知道，即便由儿童保护机构来接管莱利，也应该是得克萨斯州的保护机构，而不是俄亥俄州。

于是，警方立刻与俄亥俄州的儿童保护服务机构联系，询问他们近期是否接管过一位名叫莱利·安的4岁女孩。答案与麦克警官想的完全一致，他们从来没有接管过这样一个女孩。

当警方将这一情况告知谢乐尔时，她不相信孩子不在金伯利娜与罗伊斯身边。她立刻打电话给罗伊斯求证，罗伊斯却挂断了谢乐尔的电话，并威胁她不要再打电话来。

当谢乐尔将这一情况告诉警方后，唐推测莱利有可能就是“魅力宝贝”。于是，他们决定从莱利的妈妈金伯利娜身上提取DNA样本，以验证推测。同时，他们开始调查金伯利娜的背景资料。

金伯利娜与罗伯特是在高中相识的，当时他们在上体育课，俩人在跑步时同时落在了后面，他们开始聊天。从这之后，他们渐渐成了无话不谈的好友。不久，他们顺理成章地相爱了。后来，刚上大一的金伯利娜怀孕了。得知这一消息后，年轻的她非常开心，比罗伯特还要激动。由于不知道孩子的性别，他们就给孩子起了个中性的名字——莱利·安。

随后，他们在家人的见证下结了婚。莱利的出生让这对年轻夫妇非常开心。当莱利2岁时，他们搬去与莱利的奶奶谢乐尔一起居住，由奶奶负责照顾莱利，金伯利娜则继续完成她的学业。

谢乐尔非常喜欢莱利，经常带她一起去购物，让莱利自己选择喜欢的衣服。小小的莱利已经有了自己的穿衣喜好，她对粉色情有独钟，因此，她的小衣柜中挂满了粉色的衣裙。

可是，随着时间的推移，金伯利娜对罗伯特的感情变得越来越淡，对孩子也是如此。大部分时间里，金伯利娜除了睡觉，就是玩电脑游戏、上网聊天。即使孩子来到她身边要她抱，她也视而不见。这导致金伯利娜与罗伯特开始争吵不断。

不久两个人就离婚了，但由谁继续抚养莱利的问题一直都没有解决。此时，金伯利娜在网上认识了来自得克萨斯州的罗伊斯，并逐渐与其发展出一段炽热的恋情。

随后，金伯利娜带着莱利搬出了谢乐尔的家，去投奔罗伊斯。谢乐尔希望能经常去看望孙女，可是自从金伯利娜与莱利搬到得克萨斯州后，谢乐尔就再也没见过孙女。后来，谢乐尔得知金伯利娜与罗伊斯结了婚。她还是很希望能够时常看到孙女莱利，为此她雇佣了律师，期望得到合法的看望权。可律师给金伯利娜发了信件后，却一直没有得到回复。

在“魅力宝贝”的尸体被发现 4 周后，麦克警官接到了一个电话，称金伯利娜前来警局提供 DNA 样品。于是，麦克一方面与唐取得联系，一方面让取证人员前去取样。

在审讯室中，由于金伯利娜的配合，取证人员非常顺利地取到了她的 DNA 样品，并立即拿去检测。

随后，麦克警官和唐与金伯利娜开始谈话。不曾想，金伯利娜非常配合地透露了很多信息，几乎坦白了一切。她表示，“魅力宝贝”就是自己的女儿莱利。然后，她向麦克与唐讲述了一些关于莱利的事情。

她的现任丈夫罗伊斯似乎不怎么喜欢莱利，因为莱利有些调皮，总是将食物或其他东西丢得乱七八糟。因此，罗伊斯总是说要好好管教莱利。

一天，罗伊斯请了病假在家。他对金伯利娜说："莱利这个孩子品行太恶劣了，我需要好好管教她一番。"于是，他拿起皮带狠狠地朝莱利抽去。莱利疼得大喊大叫，躲在沙发下面。但是罗伊斯不为所动，从沙发下拖出莱利，摁着她的头朝墙上撞。面对这样的场景，莱利的妈妈金伯利娜竟无动于衷。不仅如此，为了取悦罗伊斯，她竟然也加入了丈夫的虐待行为，用皮带狠狠地抽打着女儿。那次之后，虐待莱利成了他们的家常便饭。每次打完莱利之后，他们都会用一些药品帮她擦拭伤口。可是，往往旧的伤口还未长好，新一轮变本加厉的打骂又开始了。

直到有一天，金伯利娜与丈夫罗伊斯打完莱利后，发现她的身体在不断变冷。于是，金伯利娜用一条电热毯将其裹住，想让她的身体变得暖和一些。但是，幼小的莱利依然死在了她的怀中。

他们没有选择拨打 911 报警电话，而是去商店买了黑色的垃圾袋和一个蓝色的塑料箱子。他们用漂白剂清洗了莱利的身体，以消除她身上的 DNA 痕迹。随后将尸体放入箱子中，再存放在仓库里。

由于当时正处夏季，尸体在仓库中不断腐化，开始发出难闻的味道，罗伊斯决定将其移走处理掉。于是某天晚上，他们趁着天黑开车到了加尔维斯敦海湾，将装尸体的箱子从船上扔了下去。

金伯利娜还告诉麦克和唐，罗伊斯曾试图自杀，并在电脑上写了自杀留言以及残忍杀害莱利的经过。

虽然金伯利娜在说这些事情时一直痛哭流涕，但麦克和唐依然深感愤怒与震惊：一个母亲怎么可以如此虐待自己的亲生女儿，这种行为真是令人不齿！不过，他们还要进一步调查金伯利娜所说的话是否属实。

他们立刻派警察到达罗伊斯家中。此时，罗伊斯正好在家，警察将金伯利娜已经坦白的事情告诉了他，并将其带回警局。

可是，罗伊斯却向警方讲述了一个与金伯利娜所说的完全不同的版本。他声称，自己在请病假的那天，本来身体就很疲惫，所以一直躺在床上。当时，他听到金伯利娜在外面对莱利大喊大叫。于是，他拖着病恹恹的身体走出卧室，却看到莱利已经躺在地上，情况惨不忍睹。当时他还责问金伯利娜为何要毒打孩子。

此时，警方需要确认他们两人之中到底是谁在撒谎。于是，调查人员开始对这对夫妇的家进行仔细搜查，以期找到更多证据。

在金伯利娜的电脑中，调查人员发现了一封邮件，是金伯利娜伪造的来自儿童保护服务机构的邮件，好让警方相信莱利是真的被相关机构接管了。

而在储物间中，警方发现了罗伊斯的自杀留言。这份留言看上去是为莱利的死亡负责，但内容大多是为一个幼小的孩子定下的各种严苛规矩，部分内容还透露出其虐待儿童的行为。后来，经警方证据鉴定，这份留言确系罗伊斯所写。这证实了金伯利娜的话。

莱利的父亲罗伯特与奶奶谢乐尔得知这一消息后几度崩溃。一直以来，他们以为孩子跟在妈妈身边是安全的，不曾想孩子竟然遭到了如此非人的虐待。

心理专家分析，身为妈妈的金伯利娜之所以这样做，是因为她不想失去丈夫，她愿意为丈夫做任何事，甚至不惜失去自己的女儿。可是警方认为，无论她有什么样的理由，都无法掩盖她的罪恶。

虽然在监狱候审期间，金伯利娜已怀有身孕，她自己也以为会因此得到宽恕，但是陪审团并没有因此而动摇。最终，金伯利娜因杀人罪被判处无期徒刑；罗伊斯因杀人罪被判处无期徒刑，不得假释。

鉴证专家

犯罪现场痕迹

犯罪现场痕迹，是指由于犯罪行为所导致的犯罪现场的物体表面和性质的变化。

犯罪现场痕迹能够反映出一些与犯罪事件相关的人或物的信息，比如，嫌疑人的年龄、身高、动作、习惯等。

犯罪现场痕迹包括人体痕迹和物品痕迹。人体痕迹是指人的手印、脚印、头发、血液等；物品痕迹则是指刀、枪等犯罪工具留下的痕迹。不同的痕迹所反映的特征可以为调查人员提供不同的线索。

第十六章

尘封的谋杀案——可怕的妻子

1994 年 7 月 3 日，卡特罗格斯县警员杰弗里 · 伊利像往常一样在街边巡逻。晚上 8 点半左右，他接到了指挥中心的电话，有人举报称，一家购物广场的旧衣箱旁边发生了异常情况。于是，伊利立刻开车赶了过去。

他很熟悉这一带人们的作息时间，此时，那家店应该到了关门时间，没有理由还有人在那儿出现。当伊利开车绕到广场后面时，发现一辆红色卡车停在那里。

伊利猜想，可能有人在车里睡着了或是正在休息，于是他拿着手电筒下了车，想上前一探究竟。到了汽车边，借着手电筒的光束，伊利看见一个男子坐在驾驶座的位置上，头靠在座椅上，脸色苍白。他试图叫醒那名男子，但没有成功。当他将手电筒的光往下扫时，却发现男子的胸口有很多血迹。

伊利冷静地呼叫了这个区域的急救队。接到电话后，急救队的专家立刻带着救援小组赶赴现场。此时，执法部门已经到达。经过确认，那名男子已经身亡，但他并非意外身亡，而是被谋杀的。

伊利将汽车的车牌号报给调度部门，确认了车主的身份。车主名叫安迪 · 盖斯波尔，今年 32 岁，是一名空军退伍兵，也是 3 个孩子的父亲。经调查得知，安迪的父亲名为瑞德 · 盖斯波尔。在场的人虽然都不认识这个死去的安迪，但都认识安迪的父亲瑞德，因为瑞德就是即将赶到案发现场的急救专家。

了解到这一情况后，为了避免老父亲亲眼见到儿子身亡的一幕，执法人员用无线电告知急救车队：“急救行动取消，伤者已身亡。”接到这一通知后，瑞德和急救队又返回了急救中心。

此时，勘测组人员也到达了犯罪现场，开始提取现场的指纹和证据。他们首先对犯罪现场进行了拍照，然后检查遇害者的伤口。死者是被一把利器刺穿胸骨而亡的，而且凶手非常有力，让受害者在被刺后一分钟内就停止了呼吸。从尸僵的情况可以推断出他已死亡 10 个小时左右。车内没有任何挣扎的痕迹，也没有任何东西被损坏。

勘测人员在车内提取出大量指纹，但那些都是安迪一家的指纹，并没有找到其他人的指纹、毛发、纤维等证物。

负责这起案件的是比尔·尼克尔斯，他有 20 年的工作经验，见过无数犯罪现场。当他查看证物时，却发现漏掉了什么——没有凶器！难道凶器已被凶手处理掉了吗?

尼克尔斯分析，这个地区是一个低犯罪率区域，附近的人都相处得很友好，基本都互相认识。从安迪遇害的状况来看，他与凶手肯定也认识，因为当时他坐在驾驶座上，像是在等待某个人。

尼克尔斯仔细查看了犯罪现场的附近。这个地方非常偏僻，只有垃圾箱和空地，现场留下的可供提取的证物非常少。如果安迪是将车停在商场前面，他可能是要去买东西或回家。没有凶器、没有指纹、没有目击者，这让警方陷入了艰难的境地。

于是，警方首先与安迪的妻子谢丽尔·盖斯波尔取得了联系。当听到丈夫遇害的消息后，谢丽尔立刻痛哭起来，嘴里念叨着：“不可能！不可能！”当警方问事发当天她在哪里时，她称自己一整天都与朋友们在户外烧烤。

母亲梅乐妮·盖斯波尔完全不相信自己的儿子已经遇害，因为就在儿子遇害的几小时前，她还与儿子在街上见过面，并看见他开着车朝自己挥手。

通过调查安迪的亲人和朋友，警方了解到，安迪曾在教会中学读书，很爱交朋友，经常与漂亮的女孩约会。后来他认识了谢丽尔·詹金斯，俩人关系越来越亲密，每天都形影不离。高中毕业后，安迪加入了空军，不久与谢丽尔结了婚，并很快有了 3 个孩子。

后来，他们在得克萨斯州沃斯堡市卡斯维尔的空军基地定居，虽然与父母相隔比较远，但是经常见面。朋友称，安迪是一个非常友善的人，与人见面总是露出温暖的笑容，也没有与人结怨，按理说是不应该被人杀害的。

可是，在警方调查时，妻子谢丽尔却说出了丈夫的另一面：实际上，在空军基地时安迪树敌很多，还曾与一个名叫艾利奥特·内斯的军人发生过冲突，那人一直声称要找安迪报仇。后来，安迪一家离开了空军部队，回到了老家。但是由于找不到合适的工作来养家糊口，一家人开始入不敷出，安迪与妻子也渐渐有了争吵。

为了养家，安迪去了佛罗里达州的迈阿密找工作。但是，安迪离开后，妻子一人无法照料 3 个孩子，于是她要求丈夫回来。谁知，丈夫刚回来不久就遇害了。

谢丽尔口中的艾利奥特·内斯引起了警方的注意。可经过调查警方发现，卡斯维尔空军基地根本没有这个人的名字，也没有任何关于这个人的记录。警方不禁纳闷，猜测是不是谢丽尔记错了那个人的名字。

正当警方寻找更多线索时，案件有了重大突破。某一天，安迪的一个邻居打来了举报电话，称在安迪遇害的前一天，他曾看到一辆州外的汽车驶入了小镇，并停在了盖斯波尔家附近。当时他感觉比较奇怪，就记下了那辆车的车牌号。通过调查警方发现，这辆车属于一个名叫兰德尔·莱特的人，这个人现在住在俄亥俄州。

莱特与安迪是在卡斯维尔空军基地认识的。实际上，与安迪相比，莱特与谢丽尔更熟。由于莱特与妻子也在空军基地生活，因此，两对夫妇经常相约一起出去玩。但是，谢丽尔与莱特却秘密地产生了恋情。

后来，安迪一家离开了空军基地，但谢丽尔与莱特一直在秘密联系着。谢丽尔有自己的私人邮箱，经常半夜与莱特打电话或是发邮件。不仅如此，他们还时常在旅馆约会。

不过，他们的婚外情还是露出了马脚。一次，安迪的母亲梅乐妮去看望他们时，发现了莱特写给谢丽尔的情书，她非常生气，认为这件事有必要让儿子知道。可是，当她告诉儿子时，儿子却心平气和地安慰母亲，告诉她不用为他的事担心，他会与谢丽尔好好谈一谈。几周后，安迪与谢丽尔分居了，搬回去与父母一起居住。

让警方不解的是，在之前的调查过程中，谢丽尔为何不向警方提及这个人呢？她是害怕会暴露自己的秘密恋情，还是另有隐瞒呢？

当警方向谢丽尔说出获得的新信息，并询问她最近有没有与莱特见面时，她却回答没有，并称自己已经好几年都没见过莱特了。此时，警方意识到这个女人一直在撒谎，但她到底想隐瞒什么呢？这个莱特是否与安迪的遇害有关呢？

此时，距离安迪遇害已经过去 10 天了。虽然谢丽尔对莱特只字不提，但是，她的通话记录出卖了她。警方通过调查发现，谢丽尔与莱特保持着频繁的电话联系，这表明她确实有婚外情。此时，警方怀疑谢丽尔之所以隐藏这个秘密，是因为担心自己的婚外情被小镇上的人知道。她虽然隐瞒了这件事，但并不代表她是凶手，因为她有不在场的证据。

于是，警方将注意力集中在莱特身上，准备着手调查他。他们到了莱特的家里，询问他是否知道安迪遇害的消息。莱特平静地回答道："知道。最近我在报纸上看到了安迪的死讯，我对此感到非常遗憾。"当警方询问莱特是否可以搜查他的家时，他很配合，并主动将几箱信件以及电脑磁盘等都交给了警方。

警方调查了这些信件后发现，莱特非常喜欢谢丽尔。与此同时，他们也有一个意外的发现：某封信件中写有"安迪会死而我会坐牢或是自杀"等文字，这让警察很震惊。当警察询问莱特这是什么意思时，他却拒绝回答。

经过进一步的调查，警方发现，莱特是个可怕的记录者，他曾经跟踪调查过安迪在佛罗里达州上班的路线，记录安迪在那里去过的地方，甚至住在哪家旅馆、哪个房间等诸多信息。可是，当警方质问他为何要记录这些信息时，他却否认自己这样做过，更不承认自己是在策划谋杀安迪。

于是，尼克尔斯问他："安迪遇害那天，你在哪里？"莱特回答道："我开车从俄亥俄州去纽约州见谢丽尔，但是没有见到她，只好回来了。"

尼克尔斯并不相信他所说的，因为他根本没有不在场的证据，而且目前警方发现的种种线索都指向了他。于是，在安迪遇害两周后，警方以谋杀罪指控了莱特。这起三角恋事件迅速登上了这个地区的报纸头条，街头巷尾的人们都在谈论着这件事。

可是，由于这起案件的证据大多基于情书与个人日记上的内容，并没有凶器、指纹、人证等，也没有法医提供的其他可靠证据，无法证明莱特去过犯罪现场，因此法庭难以将其定罪。

如果警方要起诉莱特，还需要一个关键的人证，那就是隐藏秘密的谢丽尔。但是警方不确定她是否愿意出庭做证。意想不到的是，谢丽尔居然同意做证了。她在法庭上说道："在丈夫安迪遇害的前两天，我接到了莱特的电话，声称事情马上就要解决了，当时，他还问了我一个特别的问题：重获自由的感觉是怎样的？"

虽然有了谢丽尔的证词，但是，由于缺少其他的确凿证据，陪审团认为此案疑点重重。最终，法庭只好宣布将莱特无罪释放。

这一判决结果让安迪的父母难以接受。他们本来怀着巨大的希望，以为凶手可以就此锒铛入狱，但最终等来的却是无罪释放的结果。

一转眼，距离安迪遇害已经过去 15 年了，小镇上的居民早就恢复了平静的生活，但安迪的父母从没有放弃过，一直在坚持追查杀死儿子的凶手。每隔一段时间，安迪的父亲瑞德都会打电话给警察询问新的进展。当时负责这起案件的警员尼克尔斯，也一直将此案牵挂于心：到底是莱特侥幸逃脱，还是警方抓错了人呢？

为此，警方最终决定成立特别小组，重新调查这一悬案。特别小组成员仔细回顾了案件中的每一个细节，找到了当时安迪遇害时所穿的 T 恤衫，拿去化验 DNA，并仔细调查每个目击者所说的证词。但结果依然一无所获，他们的调查再次走入了死胡同。

正当他们对此案不再抱任何希望时，警方发现了一条隐藏多年的线索，这条线索是由俄亥俄州警员在报告中提到的：莱特曾对朋友抱怨称，他后悔当时让警方拿走了那些信件和日记，因为信件中有谢丽尔让他杀死其丈夫的内容。如果被警方发现了这些内容，他就会被暴露了。

可让警方困惑的是，他们并没有找到莱特所说的这封信件。他们将那些证物再次认真地检查了一遍，依然一无所获。于是，他们向破案专家布伦特·伊萨克森寻求帮助。

伊萨克森开始介入调查此案。他将注意力转向了谢丽尔。翻看了她之前提供的证词，以及在法庭上的言辞和表现后，他发现这个女人很不简单，她非常机智，不仅对警方撒谎，也对情人说谎。实际上，正是由于她一直都在说谎，才引导着警方一直在错误的方向上调查。

伊萨克森经过调查后发现，谢丽尔与莱特的信件中提到他们想买一所房子，需要 9500 美元，但他们根本没有这么多钱。可是，谢丽尔的丈夫安迪有 10 万美元的人寿保险。因此，伊萨克森推测，谢丽尔有可能才是这一案件的主谋。

另外，通过调查，伊萨克森还发现，在安迪遇害的前一晚，谢丽尔曾经引诱她好朋友珍妮特的丈夫兰尼·兰伯特，并在第二天让兰尼带着珍妮特及其他的几个朋友与她一起在户外烧烤，从而创造了不在场的证据。

可是，这些都不是强有力的证据，关键还是得需要谢丽尔自己坦白这一切。面对这样一个难对付的女人，伊萨克森决定先与谢丽尔谈话，攻破她的内心。

于是，伊萨克森让谢丽尔来到警局。当他与谢丽尔见面后，发现她非常冷静。谢丽尔不仅自己来到了警局，还带来了自己新交的男友，并介绍他给伊萨克森认识。

伊萨克森已经设计好了谈话的每个细节，他开门见山地与谢丽尔交谈，但谢丽尔采用回避式的回答，总是回答“不知道”“不清楚”。这些都在伊萨克森的意料之中，于是，他开始利用谢丽尔的虚荣心推动谈话的进展。

伊萨克森抛出诱饵说：“如果你告诉我们你做这件事的动机，你不仅不会被描述成一个黑寡妇的形象，也不会是一名密谋策划谋杀案的罪犯。”听到这句话，谢丽尔似乎心有所动，环抱在胸前的双手缓缓地放了下来。

在长达 6 个小时的谈话后，谢丽尔最终卸下了心理防备。当伊萨克森问她，当初是不是与莱特合谋杀死安迪，以获得其保险金来购买房子时，谢丽尔低下了头，流着眼泪回答道：“是的，我想我是被贪婪与欲望迷惑了心智。”

一周后，谢丽尔被判定为二级谋杀罪。接下来，警方找到了莱特，告诉他谢丽尔已经坦白了一切。随后，莱特也无奈且懊悔地承认了自己所做的一切。

在与谢丽尔交往的过程中，莱特什么都听谢丽尔的，因为他害怕失去她。后来，谢丽尔每天都要求他必须杀了安迪，并不断向他施压。在杀害安迪的前一晚，谢丽尔还曾给莱特打电话，称安迪正在虐待她，让莱特来救她。听闻此言，莱特立刻开车去了纽约。

而事实却是，谢丽尔与莱特打完电话后，约来了好友珍妮特的丈夫兰伯特，并在家里引诱了他。谢丽尔知道莱特马上就要到达这里，她想给莱特进一步施压。

当莱特开车到达谢丽尔家附近时，将车停在一边，走到谢丽尔家的窗前，正好目睹了这一切。他恼羞成怒，但依然无法放下谢丽尔，一心只想着如何挽回她。思来想去，他将这一怒火转移到安迪身上，认为是安迪虐待了谢丽尔，才使得她投入别人的怀抱寻求安慰，只有杀了安迪，谢丽尔才能获得自由，才能全然地属于自己。

于是第二天早上，莱特找到了安迪，与他约好上午 8 点左右在购物广场的后面见面。后来，安迪开车先到了那里等着莱特，而莱特到了之后，则怒气冲冲地下了车，戴着橡胶手套的手中还藏着一把刀。他走到安迪车门前，待安迪摇下车窗后，他突然狠命地拿起刀刺向安迪的胸部。确定安迪无法逃脱后，他拿走了车钥匙，开车驶向了俄亥俄州，然后将车钥匙和凶器丢进了垃圾集装箱中，这也是警方怎么也找不到凶器的原因。

最终，莱特因为谋杀罪被判处 24 年监禁，而谢丽尔由于对二级谋杀罪表示认罪，被判处 18 年监禁。

鉴证专家

尸僵

尸僵，是指人死后，躯体随着时间的流逝而逐渐变得僵直的过程。一般来说，在死后 1 到 3 个小时内，人的肌肉会出现轻微收缩现象，关节也不能屈伸，开始出现尸僵；在死后的 12 到 16 个小时，尸僵逐渐遍布全身。尸僵出现的时间往往与外界温度的高低、死者自身的身体状况、死因等有关。

影响尸僵的因素：

1. 外界温度。尸体所处环境的温度越高，尸僵出现得越早，消失得也越快。反之，则会出现得较迟，消失也较慢。

2. 死者自身的身体状况。不同年龄的群体死亡后出现尸僵的状况也不同。比如，青年人由于肌肉比较发达，尸僵往往出现得比较慢，维持时间也比较久；老人、儿童等群体由于肌肉不发达，尸僵出现得比较早，消失得也早；婴儿在死亡10到30分钟后就会出现尸僵。

3. 死因。如果死因为触电、破伤风、枪伤或是消耗性疾病，尸僵会出现得比较早，消失得也早；如果死因是水肿、肌肉麻痹等，尸体会产生肌肉变形，导致尸僵出现得比较慢，消失得也慢。

第十七章

恐怖的连环杀手——『背包客屠夫』

乔娜·沃德思与卡罗林·克拉克是两个来自美国田纳西州的活泼可爱的女孩，自从在一次旅途中相识后，她们经常相约一起旅行。

乔娜是一个性格开朗的女孩，由于她的工作是培训保姆，因此，她喜欢在全国各地边工作边旅行。卡罗林从小就爱看旅行节目，长大后也一直都热衷于旅行。最近，她最想去的地方是悉尼，领略一下澳大利亚的美丽风光。

当卡罗林将自己的想法告诉了乔娜之后，她们一拍即合，很快就做好了出发前的各种准备。

她们先到达了悉尼，给各自的父母报了平安后，她们决定先在这个地方待上一个月，然后再搭便车周游澳大利亚的美景。她们计划先去附近的一个小镇上采摘葡萄，然后再去一个小岛上探险。

在路途中，她们还认识了另一位背包客史蒂夫·怀特，当时史蒂夫已准备回美国，就将自己的三人帐篷送给了她们。他还说，自己的帐篷曾不小心被刮了一道口子，已用公司特有的胶带将其修补好，可以放心使用了。卡罗林与乔娜谢过他之后，就继续她们的旅途。

在准备搭便车去墨尔本时，卡罗林与乔娜在路边遇到了一个自称比尔的男子。他当时开着四驱车，说可以载她们一程。于是她们很开心地上了车。车上放着欢快的乡村音乐，卡罗林和乔娜与那位男子热切地聊着。

卡罗林对那位男子开玩笑说：“有没有人曾说过你长得很帅气？是不是很多背包客都会搭你的车？”男子笑着回应道：“确实如此，很多女背包客都挺喜欢与我聊天，因为我是本地人，经常在这一带活动，所以偶尔会载一些背包客。”乔娜也被这个有魅力的男子吸引，一路上她们不停地与他聊天，问他各种问题。

车子逐渐驶入密林深处，那个叫比尔的男子脸色也变得越来越阴沉，车内的气氛陡然间变得凝重起来。乔娜与卡罗林互看了一眼，还以为是她俩问了不该问的问题，顿时有些手足无措，不知道怎么办才好。这时，比尔在一个比较偏僻的地方停下车，说他要下车方便一下，让她俩在车上等等。

但当他再次回到车里时，却将一把枪对着乔娜与卡罗林。两个女孩顿时吓坏了。比尔用枪指着乔娜，让她先将卡罗林捆绑住。然后，比尔再用绳子将乔娜捆住。

两个女孩吓得瑟瑟发抖，不停哭泣。比尔劝慰她们说：“不要哭，不要紧张，只要你们乖乖听我的话，我就会放了你们。”天真的女孩信以为真，停止了哭泣，但是依然吓得不知所措。

男子将她们带到附近的森林公园的深处。他先安抚卡罗林，让她抽了一支烟。既紧张又害怕的卡罗林一连抽了6根烟都没能平息自己的惊慌情绪。随后，那个男子让卡罗林跪下，用衣服蒙住了她的头，对着她的头开了一枪，卡罗林应声倒地。乔娜吓得尖叫连连，男子立刻用衣物塞住她的嘴巴。然后他再次来到卡罗林身边，用脚踩着她的头，连开了10枪。紧接着，又在她的背后开了一枪，这才停了下来。

随后，他拖着乔娜离开。乔娜奋力反抗，那名男子拿起尖刀狠狠地朝着乔娜的脊柱刺去。乔娜立刻疼得倒了下去，男子又疯狂地朝乔娜连刺数刀。结束这一切后，那名男子简单地处理了一下现场，用树枝盖住尸体就离开了。

几个星期过去了，乔娜与卡罗林的父母非常担心，他们已好久没收到孩子们的信息了。而乔娜的父亲在生日和父亲节时也没有收到乔娜的礼物，这让他更加担心，因为乔娜非常注重这些纪念日，从来没有落下过。

于是，他们立刻报了警。警方推测，她们可能是在搭车时遭遇了不测。但是一连几个月，警方都找寻不到她们的踪迹。有目击者称，曾看到她们搭上一个男子的四驱车，之后就再也没有人见过她们。

5个月之后，有人在悉尼的森林公园骑行时发现了一具骸骨，立刻报了警。警方赶到后，立刻封锁了现场，并进行拍照。随后，著名法医罗德·弥尔顿也赶到了现场。警察在这具骸骨附近发现了一些硬币和首饰。继续搜查后发现，在这具骸骨的不远处，还有另外一具尸骸。

警方根据现场分析，认为这名凶手是个老练的犯罪嫌疑人，做事果断、干脆，在犯罪时思维缜密，相当残暴。后经法医鉴定，死者正是乔娜与卡罗林，但是在附近没有发现她们的露营装备。

鲍勃·高登是这起案件的负责人。根据对犯罪现场的分析，他们列出了一张长长的犯罪嫌疑人名单。弹道学家吉拉德·达顿使用金属探测器在卡罗林的头部找到了三发子弹，并通过对子弹和弹壳的分析化验，确认子弹是分别从三个方向射来的。同时，他根据弹道分析，认为凶手当时是近距离射击的。

另外，根据子弹和弹壳，吉拉德分析出凶手使用的是一把22毫米口径的自动步枪。同时，他还发现子弹上有划痕，由此推测凶手在枪支上安有消音器或是其他东西。可是，这类枪支较为普遍，在澳大利亚有5万多支，想要依靠这条线索来破案并非轻而易举的事情。

时隔两年，在这片森林中再次发生了命案。来自美国加利福尼亚州的黛布拉·奥维克与詹姆斯·吉普森相约去悉尼边陲的小镇上参加当地的文化节。双方父母听闻这件事后非常担心，不想让他们去，但詹姆斯对父母说：“没关系，只要我们装扮成情侣的样子就没事。而且我在悉尼有认识的朋友，他们也要去参加文化节，我们可以相互照应。”

父母见此，只好叮嘱再三后同意了他们的计划。于是，他们准备好了相机、笔记本以及露营包，黛布拉还买了一个绿色的水杯，在上面刻上自己的名字。一切准备就绪后他们就启程了。可是当他们到达悉尼时，已经过了与朋友约好的时间，朋友已经先行一步了。詹姆斯与黛布拉只好在酒店住了一晚，第二天才出发去目的地。

当时他们沿着高速公路一直向前走，在路边遇到了一个开着四驱车的男子，主动要求载他们一程。詹姆斯与黛布拉非常感激地上了那名男子的车。男子载着他们向南行驶了一个小时后，突然在路边停了下来。还没等詹姆斯与黛布拉反应过来，男子已经迅速将他俩制服，并将他们带进了森林深处。

随后，那名男子用尖刀刺向了詹姆斯的后背脊柱处，詹姆斯立刻疼得瘫倒在地，无法动弹。黛布拉吓得想要逃开，可是没跑几步就被那男子制服了。他用钝器狠狠地击打黛布拉的头部，然后发疯般地对黛布拉狂刺数刀。杀死黛布拉后，那名男子又走向詹姆斯，在他的胸口连刺多刀。随后，他用树枝将尸体盖住，离开了那里。

几个月都没有接到孩子们的消息，詹姆斯与黛布拉的家人非常担心，他们向当地的警方报了失踪案，家人也不遗余力地展开寻找。可是两年过去了，仍然没有人发现他们的踪迹。

一年之后，一名男子在森林公园中发现了一个头骨和大腿骨，鲍勃接到这一消息后，立刻带人赶到那里，并封锁现场进行拍照。

在搜查的过程中，他们在一块大石头下面发现了很多树枝，拨开树枝后发现，下面竟然还有一具人体骨架。后来，根据牙医记录得知，那具人体骨架正是詹姆斯的，而通过骨骼 DNA 检测，最终确定了那个头骨和大腿骨是黛布拉的。不仅如此，警方还在那具人体骨架的附近搜寻到一个黑色帽子，与詹姆斯的父母在报案时描述的帽子很像。

病理学家皮特·布莱贺斯通过对骸骨的检测分析，确认他俩都是被人谋杀的。这名凶手很有可能就是 3 年前杀害乔娜与卡罗林的嫌疑人，因为警方在詹姆斯的脊柱上也发现了一个很深的伤口，与当时乔娜尸体上的伤口非常像。凶手将刀直接插入被害人的脊柱中，导致脊髓受伤，足以让受害者立即瘫痪，从而失去行动能力。

由此，警方推测这两起案件是一个人所为。而这两起谋杀案也引起了当地人的惊慌，这片森林公园因此被当地人视为“死亡之林”。这两起案件不仅当地的媒体记者非常关注，也让当地的官员备感压力，因此，警方必须尽快将凶手缉拿归案，才能恢复当地的安定。可是，由于案件已经过去了好几年，犯罪现场的很多证据也早已被破坏，警方的侦查困难重重。

于是，悉尼警方向美国相关部门寻求合作，破案专家克里斯·摩尔前来协助鲍勃一同破案。他们在那片“死亡之林”仔细搜查时，竟然又发现了两具骸骨。

盖波·努基波尔是一个来自德国的小伙子，他的体格非常好，曾是一名体育生，他在慕尼黑认识了有一头棕色长发的漂亮女孩阿佳·哈奇特。他们都十分喜欢大自然，经常去户外旅行，于是，两个有共同爱好的年轻人自然而然地走到了一起。

先后一起在欧洲、亚洲等地旅行过后，盖波提议去悉尼看看，阿佳也同意了他的想法。到了悉尼之后，他们沿着之前大多数背包客所走的旅行路线，去高速公路搭便车。在路边，他们遇到了一个主动要搭载他们的男子……

在这两具骸骨附近，警方不仅发现了当时凶手捆绑他们所使用的绳子，还发现了一些瓶子和子弹盒。弹道学家吉拉德通过那些弹壳和树上的弹坑以及其他的一些证据分析出，这枪支与之前射杀卡罗林的枪是同一种武器，由此，警方推测两起案件的凶手是同一个人。而盒子上的子弹编码，让警方迅速找到了“杀人狂魔”的调查线索。

此时，鲍勃与破案专家克里斯对案件进行分析后，认定这名犯罪嫌疑人是一个连环杀手，作案方法相同，手法极其残忍，似乎以杀人为乐趣。于是，他们一方面设立免费热线，希望通过民众来获取更多线索，另一方面让其他警员开始着手调查子弹盒子上的编码线索。

通过对举报电话的内容总结分析后，警方发现很多人都提及了米拉特一家，都怀疑他们就是凶手。因为他们是当地人，熟悉森林公园的路线，家里兄弟非常多，都很迷恋枪支，有些家庭成员是枪械俱乐部的成员，而且还有人曾与警察发生过口角。他们一家人过着离群索居的生活，不与其他人打交道，就像山中的隐士一样。

了解到这一线索后，鲍勃带人去调查枪支俱乐部的情况，了解有哪些人拥有自动步枪。而克里斯则开始调查米拉特一家的背景资料。

米拉特一家是从南斯拉夫移民到悉尼的，家中总共有 14 个兄弟姐妹，其中有一个叫伊万的人非常迷恋枪支，曾在 17 岁时因为盗窃、绑架而在警局留有案底，而在那起绑架案里，他最终因证据不足被释放。

此时，警方根据子弹盒上的编码找到了那家弹药制造厂。在谋杀案发生的当年，这家弹药制造厂曾卖出过一批子弹，是悉尼的一家枪弹商店进购的。随后，警方查询了那家枪弹商店的卖货记录后发现，购买者是一个名叫伊万·米拉特的人。

而克里斯也调查到，伊万曾在公路管理组工作过。由于工作原因，他需要经常前往当地的各个区域，也包括几起谋杀案的现场。在此之前，曾有目击证人看到与伊万长相相似的人开着四驱车载过受害者。后经警方查证，伊万确实拥有一辆四驱车。

渐渐地，警方收集到越来越多关于伊万的犯罪嫌疑材料。可是，克里斯认为，如果现在就把伊万告上法庭的话，很有可能会因为证据不足而让伊万脱罪，他们还缺少一些关键性的证据将伊万与这些连环谋杀案联系起来。因此，他与当地警方积极搜寻着更为有利的证据。

此时，当年在乔娜与卡罗林遇害后发生的一起抢劫案引起了克里斯的注意。

一位年轻的美国小伙子保罗·奥尼恩曾在悉尼旅游。某一天，当他准备前往墨尔本时，有一个驾驶四驱车的男子主动提出要载他一程。本来，两人在车上聊得很开心，可是没过多久，那个男子变得焦躁和阴沉起来。

突然，男子将车驶离公路，并停车声称要下车去拿一盘磁带。可是敏锐的保罗发现在驾驶座和副驾驶座之间有很多磁带，他顿时疑心那名男子是在撒谎。于是，保罗借故下车散步，准备逃离这辆车。看到保罗下车后，那名男子非常生气，让保罗立刻回到车上去，这更让保罗感到不对劲。他上了车，开始观察周围的情况，伺机逃跑。

当看见那个男子转身推开车门要下车时，保罗随即也打开车门跳下车跑走。那名男子见状，立刻抓起枪扣动了扳机。

这时，一位叫肖恩·贝利的女士正开车载着孩子从那条公路上经过。她看见一个男子突然从车上跑了下来，向公路跑去，并朝来往的汽车挥手。正跑着，后面的男子追上来将其摁倒在路基上。好不容易挣脱后，男子再次起身跑开。可是没跑一段距离，又被后面的男子摁倒。

当肖恩发现那名逃跑的男子站在自己车前的不远处，向她挥手时，她下意识地减慢速度，停下车来。男子急切地对她说：“请你救救我，救救我！那个人手上有枪。”肖恩本能地拒绝了他，声称车上有孩子，可当时她还是打开了车门。那个男子立刻跳上车，迫切地请求她赶紧开车离开。

肖恩立刻开车离开，此时，她看到那个追赶的男子右手藏在胸前的衣服里。看见他们开车离开后，他便不再追赶，也迅速地跑回自己的车里了。

当时，警察给保罗和肖恩都录了口供。可是这起案件最终被定为抢劫未遂，不了了之，保罗随后也回到了美国。

后来，当保罗在美国看到连环杀人案的新闻后，立刻打电话给悉尼警方，而当时救了保罗的肖恩也打来电话，他们的证词都指向了伊万。此时，很多调查人员也认定，伊万就是连环杀手。

克里斯与保罗取得了联系，在美国警方的帮助下，保罗被带到悉尼协助破案。警方带着他来到当时的事发现场，发现那里正是距离几起谋杀案不远的地方。另外，警方还给他提供了一些犯罪嫌疑人的画像，经过两次辨认，保罗都指认出了伊万的画像。

警方由此获得了对伊万家的搜查证。经过搜查，他们找到了乔娜和卡罗林的三人帐篷，那正是史蒂夫送给她们的，帐篷上有一个用公司特有胶带粘上的小口。他们还发现了黛布拉的水杯，上面刻着的名字虽然已被刮掉了，但经红外线的照射，还能清晰地看到。除此之外，他们找到了一条沾有血迹的绳子，后经法医鉴定，血迹正是卡罗林的。

警方还发现，伊万女友身上穿的T恤衫正是乔娜遇害前穿过的。这种衣服只在美国出售，悉尼根本就没卖过。另外，警方在伊万家中找到了弹药，弹药代码与犯罪现场发现的完全吻合。警方由此确认，伊万就是持有那把自动步枪的凶手。

在伊万的家中，调查人员不仅发现了弹夹，还发现了一副枪栓，而枪栓正是造成子弹上出现独特划痕的原因。虽然警方在他家只发现了步枪的一部分，但吉拉德经过重新组装以及还原子弹的弹道过程后发现，弹壳穿过枪膛时确实会留下痕迹，而这些痕迹，与当时凶手杀死乔娜与卡罗林的子弹上的痕迹一模一样。

由此，警方起诉伊万就是杀死几名背包客的连环杀手。虽然伊万本人拒绝认罪，但在众多的铁证面前，法庭最终判处他无期徒刑，他将会在监狱中度过自己的余生。

鉴证专家

弹道

弹道，主要分内部弹道与外部弹道两种。内部弹道是指在弹药射出后，弹头离开枪口前出现的各种物理痕迹。而外部弹道则是在弹头离开枪口后的飞行轨迹。

在枪支的射击过程中，不同阶段会存在不同的物理现象，主要分为5个弹道阶段：起始弹道、膛内弹道、中间弹道、膛外弹道、终点弹道。

第十八章

最后的约会
——身份成谜的神秘男友

1995 年 8 月 20 日，一个星期日的晚上，在内达华州拉斯维加斯，乔安妮·阿尔巴尼斯的两个女儿被前夫送回家来。虽然他们已经离异，但是相处得比较和谐。两个女儿平时一直由乔安妮抚养，而到了周末，则会与爸爸相聚。

孩子爸爸将她们送到门口后就离开了。当孩子们走进家门后，发现妈妈不在，但家里的门是开着的，屋里的灯也全都亮着。这让她们感到有些异常，因为平时这个时间妈妈都是在家的。她们走上二楼妈妈的卧室，发现门也是开着的，妈妈平时仔细保存好的贵重首饰随意地放在浴室中，这让她们更加惊慌和害怕：妈妈到底去了哪里？

大女儿稍微镇静一些，她一边安慰妹妹，一边打电话给爸爸，然后又打了 911 电话告诉警察妈妈不见了。对警方来说，失踪案是需要失踪 24 小时后才能立案的。但尽管如此，他们还是派最近的巡警前去查看一番，帮助两个无助的小女孩。

一直到了周二，依然寻不见乔安妮的身影，她的车也不在车库中，家人这才意识到，乔安妮可能真的遭遇了不测。于是，他们立刻再次报警。人口失踪调查科的警探拉里·汉纳负责调查此案，他首先去乔安妮家了解情况。

乔安妮在一个大酒店工作，做事非常认真、负责。出于调查需要，汉纳警官也查问了孩子的父亲在乔安妮失踪时的动态。当时是周末，两个孩子一直都与父亲在一起，这排除了他的嫌疑。

在交谈中，汉纳警探了解到，乔安妮有一个很有魅力的男友，名叫约翰·爱德华兹，是一个私人健身教练。他刚刚搬到拉斯维加斯不久，与乔安妮相恋了几个月。在乔安妮失踪前的周五，她还准备与爱德华兹一起吃饭。但关于爱德华兹的背景，乔安妮的家人一概不知，只知道他在健身房工作。

而在乔安妮的家中，调查人员并没有发现任何打斗的痕迹，也没有发现与失踪有关的任何线索。

经过调查后警方发现，乔安妮的男友爱德华兹也消失不见了，但是他的卡车停在乔安妮家附近。对此，警方感觉非常可疑，于是查看了车内的情况。在车里，警方发现了多个车辆牌照及个人身份证明。

更让警方感到可疑的是，这辆汽车的车牌经查证并不属于拉斯维加斯，而且机动车辆管理处也无法识别。后来，警方通过车辆识别号码查到，这辆车之前的车主在佛罗里达州。车主在几年前就已经将车转卖出去了，但是并没查到具体卖给了谁。

汉纳查到，爱德华兹曾在其同事那里租过房子。查清具体位置后，他与调查人员前去查看这所房子内部的状况。他们发现，房间里有背包、睡袋、电脑等装备，还有一些从未打开过的个人物品箱，这表明，爱德华兹平时并不会受人约束，似乎准备随时离开这个城市。警方同时在他的背包中发现了一把猎刀，猎刀上还有一些血迹。调查人员采集了血迹样本。后来证实，这些血迹是属于某种动物的。

在爱德华兹的行李袋中，警方还发现了一个用胶带缠绕了很多层的钱包。打开层层胶带后发现，里面有一张约翰·阿迪斯的身份证。通过房东指证，身份证上的这个人，就是与乔安妮一起消失的约翰·爱德华兹。

除此之外，警方还发现房间里有一些胶粘材料、割刀、贴纸等物品，这些物品都是用来伪造身份证的。从那些伪造的身份证可以发现，爱德华兹的伪造技术非常熟练。可是，警方却没能发现有什么东西与两人的失踪有关。

警方不禁开始怀疑，爱德华兹是不是有着什么不为人知的过去？是不是在隐藏着什么秘密？乔安妮是自愿与他一起开车私奔了，还是被胁迫离开的？对此，警方还需要找到更多相关线索。

距离乔安妮失踪已经过去 5 天了，她的家人非常担心。汉纳也很担心，因为目前搜查到的种种证据都表明，爱德华兹有着与健身教练不同的身份。他的真名叫约翰·阿迪斯，是一个有过犯罪前科的人，曾经因绑架罪而服刑。更让警方震惊的是，阿迪斯曾经竟然是阿拉斯加的一名警察，工作达 7 年之久。那是在 1974 年阿拉斯加州的费尔班克斯市，当时担任州警察的阿迪斯是 4 个孩子的父亲。但是，阿迪斯的生活方式和行为习惯却与常人不同，可以说非常古怪。他与家人住在没有管道的木屋中，喜欢从附近的溪流中打水饮用。他酷爱原始生活，并且十分热爱户外活动，甚至达到狂热的地步。即便在严冬时节，他也经常不畏严寒地在荒野中打猎。与他做同事多年的警员詹姆士·麦肯曾称，阿迪斯非常热爱警察工作，可谓胜过一切，他在犯罪现场的处理方面总是有着独特的认识和技术。但与此同时，他的性格中也有着不为人知的暴虐的一面。某次，詹姆士去阿迪斯的家中做客。当时他们在客厅中谈论步枪的事情，阿迪斯突然对着他的妻子呵斥道：“蠢货，快去把我的步枪拿来！”他的妻子当时正在忙着做别的事情，动作稍微慢了些，于是他就像个野兽般将妻子抓到屋里对其咆哮不已。这件事让詹姆士很惊讶：平时对工作那么认真的同事，在家里却是另一番样子。后来同事们才知道，阿迪斯具有极强的占有欲，对妻子总是极度控制，既不让她工作，也不让她有任何社交活动，并且每天都会毒打和监视她。

妻子不堪忍受这种非人的折磨，向有关部门申请了离婚，并带着孩子们离开了家。这让阿迪斯难以接受，认为妻儿背叛了他。渐渐地，他的生活开始瓦解。

与妻子离婚不到 6 个月后，他就再婚了，然后辞去了警察的职务，悄无声息地搬到了佛罗里达州，与之前的同事们也没了联系。

警方调查后发现，在那之后没过几个月他的新婚妻子就离开了他，而他则在佛罗里达州的健身房开始了工作。不久，他又遇到了他的第三任妻子，并经常带着妻子去各个地方旅行，生活一度很幸福、美满。可是，在妻子怀孕后，他魔鬼的一面又暴露出来了。他曾经对第三任妻子称，由于第一任妻子带走了他的孩子，让他感到非常伤心和失望，因此，他要绑架她，将她带到野外去，狠狠地教训她。

妻子当时以为他在说笑，但看到他凶狠的目光还是被吓得心惊肉跳。而在妻子生产后，他兽性的一面暴露得更加明显，有一次，妻子正抱着孩子喂食，他们之间发生了小小的争执，他竟然狠狠地拽着妻子，并用力踩她的脚，不顾她怀中幼儿的安危。这让妻子再次受到了惊吓，于是坚决地申请保护令，离开了他。

此后，阿迪斯变得愈发孤僻，他开始制订计划报复身边的女人。不久，阿迪斯的 4 个孩子从阿拉斯加到佛罗里达州来看望他，可没想到，这次探访竟变成了孩子们的一场噩梦：他将孩子们绑架了，并给他们换了新的身份和名字以及新的出生证明。

前妻发现孩子不见后，立刻求助警方。历经 8 个月的搜寻，有人在健身房认出了阿迪斯并打了举报电话，警方才将其抓获，并在郊区隐蔽的小房子中找到了几个孩子。当时，阿迪斯将他们锁在这所房子里，以防有人发现他们。

阿迪斯因绑架罪而被判 18 个月有期徒刑。在刑满释放后，他不断地更换身份和住所，唯一不变的是，他一直喜欢在健身房工作。

阿迪斯开始了新的生活。他利用自己迷人的外表在健身俱乐部对女性展开各种诈骗，一方面是掩盖自己的身份，另一方面也是为了获取更多的经济来源，以维持自己的各项生活开支。当他厌倦了某个女人之后，就会结束他们的关系，消失不见，同时，还会骗光她们银行账户中的钱。

调查到这些资料后，汉纳不免开始担心：乔安妮是否也遭遇了此类经历，或者是更糟糕的事情呢？因此，他们一方面积极搜查阿迪斯的下落，另一方面寻求破案专家的帮助。

破案专家斯科特·巴肯介入调查此案。当他了解了案情后，感觉自己遇到了真正的对手。因为阿迪斯曾做过多年的警察，懂得如何应付警方的追捕，因此，要逮捕他是非常困难的。如果他做出了伤害乔安妮的事情，也会是通过相当隐秘的方式。即使如此，警方依然积极地深入调查阿迪斯。

深入询问了乔安妮的朋友和家人后，警方发现，原来乔安妮一直很忌惮阿迪斯。乔安妮曾对朋友称，阿迪斯不仅开她的车、住她的房子，还要自己替他付账单，他们曾频繁地争吵过。不仅如此，阿迪斯还对乔安妮有很强的控制欲，控制她的一切活动。因此，乔安妮常常说自己很害怕阿迪斯，想要与其结束这段关系。可是，恼羞成怒的阿迪斯却不愿意，并要求与乔安妮结婚，以进一步控制她。因此，他擅自游说和纠缠乔安妮的亲友，让他们说服乔安妮与自己结婚。乔安妮知道这些后，更想早点离开他。在她失踪前的那个周五，她曾向母亲提及，周五的约会将是她与阿迪斯的最后一次约会，她会彻底与他说清楚，并结束这段关系。当时，母亲还叮嘱她要小心阿迪斯。那是母亲与她的最后一次通话。随后，乔安妮就失踪了。

对此，斯科特推测，由于阿迪斯的占有欲特别强，又一贯不接受他人的反对意见，所以当他听闻乔安妮要与其分手后，便恼羞成怒地将其绑架，抑或是杀害了她。但这都是推测，警方需要更加有力的证据。

此时，离乔安妮失踪已经一个多星期了，她的家人陷入了极度的恐慌中，警方的调查也陷入了僵局。正当此时，有位猎鹿人在亚利桑那州的一个沙漠中发现了乔安妮的汽车。接到举报电话后，斯科特与当地的警方及勘测人员取得联系，立刻赶赴现场。

到达现场后，他们首先对车子拍了照，然后开始提取车上的证据。可是，不管他们怎么仔细寻找，都无法提取到任何有用的证据。很显然，车子已经被清理过了。

于是，警方开始在汽车附近进行仔细的搜查，并动用了搜寻犬，以寻找与乔安妮及阿迪斯相关的线索，但依然一无所获。

距离乔安妮失踪已经过去两个月了，案情一直没有实质性的进展。但警方一直没有放弃，他们不相信阿迪斯会滴水不漏，总会有破绽被发现的。正在警方继续开展调查时，一个可怕的消息传来：在亚利桑那州的一个小岛上，也就是距离乔安妮的汽车不到一英里的地方，有个探险者偶然发现了一副头盖骨和下颌骨。

通过 DNA 鉴定，专家确认了那些骨头正属于乔安妮。噩耗传来，乔安妮的家人悲痛欲绝。警方推测，阿迪斯是杀害乔安妮的头号嫌疑人，因为乔安妮家人与朋友的证词都指向他，他与乔安妮的死脱不了干系。因此，他们申请了对阿迪斯的逮捕令。

斯科特推测，阿迪斯有可能在将乔安妮杀死并抛尸后，跑到了墨西哥。于是，他们通过国际刑警在 140 个国家通缉阿迪斯，并将关于他的一切信息在各种媒体上发布。虽然在此期间他们接到过很多举报线索，但是每次在快要抓到阿迪斯的时候，他都会先警方一步消失得无影无踪。

有人曾打电话给墨西哥的警方，说在墨西哥瓜达拉哈拉的一家健身房曾看到过一个与警方描述相同的人，可是那个人不叫约翰·阿迪斯，而是叫约翰·斯通。可是，当墨西哥的警方联系美国执法人员赶到那个地方时，那个人已经消失不见了。当警方出示了阿迪斯的照片后，健身房经理确定，那个人就是阿迪斯。

警方通过调查发现，这次与阿迪斯一起消失的还有一个年轻女孩，是 26 岁的劳拉·卡西亚。劳拉丢下自己的所有钱财跟着阿迪斯离开了，还给父亲留了字条，说一个名叫约翰·斯通的男人向她求婚了，她要与他结婚。警方立刻意识到，劳拉可能处于危险之中。

于是，警方在墨西哥广发通缉阿迪斯的告示，并提醒墨西哥当局重视，尤其是墨西哥瓜达拉哈拉外的帕恰斯湖区，很有可能成为约翰·阿迪斯的藏身之所，因为这里常年有约 5 万名海外居民，阿迪斯隐匿起来比较容易。尽管美国执法人员与当地警方一直密切关注着这里，希望能够尽快找到阿迪斯，可是，他却像一个幽灵般，让警方无论如何也寻不到踪迹。

一年过去了。一天，斯科特接到了一个电话，与阿迪斯有关。斯科特原本以为是有人发现了阿迪斯的新行踪，没想到，是那个叫劳拉的女孩死在了墨西哥帕恰斯的一间公寓中。当时是邻居闻到了异味，于是打电话报了警。

警方闻讯赶到后破门而入，看到了震撼的一幕：女孩死在床上，周围摆满了针管和注射器。种种迹象表明，是有人为她注射药品，以控制她的一切活动。另外，由于当时温度较高，她的尸体已经开始腐烂。警方对比了之前发布过的照片，发现死者正是失踪的劳拉。而与她一起失踪的阿迪斯却不在其身边。

正当警方夜以继日地调查阿迪斯的行踪时，在危地马拉的一个旅馆中，一名服务员在收拾房间时，看到一个白人男性躺在床上，已经没有了呼吸，她立刻打电话报了警。

当警方赶到事发现场时，发现桌子上有一堆身份证明，其中有一张名为约翰·斯通的身份证。警方怀疑他的身份有可能是伪造的，于是与美国执法机构取得了联系。斯科特怀疑，这有可能是阿迪斯伪造身亡，以骗过警方的追踪和抓捕。不过，经指纹和DNA验证，警方最终证实，死亡的这个人正是阿迪斯本人。法医经过检测后发现，他有可能死于心脏病突发。

虽然阿迪斯最终没有受到法律的制裁，却也不得善终。只是，他当时到底是为什么以及如何杀害乔安妮的，随着他的死成了一个不解之谜。

鉴证专家

骨骼DNA鉴定

由于骨骼中致密而坚硬的组织会缓解一些微生物和环境因素对DNA造成的破坏，因此，骨骼为DNA的保存提供了理想场所。调查人员往往会通过骨骼提取受害者的DNA信息，以确定其身份。除此之外，通过骨骼的相关检测，还可以判断出人的性别、年龄。

通过骨骼判断性别的方法：

1. 对比观察法：采用肉眼对骨骼的形态进行观察和判断。男性的骨骼较为粗大，骨密质比较厚，而且骨质很重；而女性的骨骼则比较细小，骨面较为光滑，骨质也较轻。

2. 仪器测量法：是指采用骨骼测量仪对遗骸的长、宽、高等进行测量的方法。通过将所得数据与男性均值和女性均值相比较，能够判断出人的性别。

而通过骨骼判断年龄，则往往需要采用多种方法进行印证，以确保其准确性，因为骨骼的形态会受到健康状况、地理环境等因素的影响。

第十九章

冤假错案的真相

——被误导的证人

1998 年 7 月 7 日凌晨，在俄亥俄州巴伯顿市的郊外，一名 6 岁的小女孩宝琪拿起电话打给她的姐姐："快来救救我，快来救救姥姥，她被人杀害了，我很害怕。"但是电话那端没有人接听，电话被转入了语音留言。

随后，小女孩急忙跑去邻居家求救。她急促地敲着邻居家的房门。睡眼惺忪的邻居打开门后，看到宝琪的睡衣上血迹斑斑，一下子清醒了过来，立刻俯下身问："宝琪，发生了什么事？"宝琪惊慌失措地回答道："有人杀害了我的姥姥。"

邻居立刻开车将宝琪带回她父母家。邻居与宝琪一家比较熟悉，经常参加他们的家庭聚会，知道宝琪的父母家离这里很近，只有几分钟的车程。

此时，宝琪的父母还在熟睡中。听到急促的敲门声后，他们起床开门。宝琪的妈妈爱普利·苏顿打开门后，看到眼前的一幕非常震惊：女儿穿着姥姥的睡衣，浑身都是血。她急切地问道："宝琪，发生了什么事？"宝琪很惊恐地回答道："姥姥被人杀害了，躺在沙发前面。"爱普利追问道："是谁杀的？"宝琪回答道："一个男人。"后来，她才说出是"克莱伦斯"。

此时，爱普利意识到凶手是姐姐梅琳达的丈夫——克莱伦斯·埃尔金。她谢过邻居，将宝琪带到家中安慰，并让丈夫鲍勃开车去妈妈家查看情况。

鲍勃到了岳母家，他推开房门后看到了可怕的一幕：岳母朱蒂躺在血泊中。他走上前去，用手试探了一下，发现岳母已经没了气息。他立刻拨打了 911 报警电话……

警探罗汉·欧文接到报警电话后，带人火速赶往犯罪现场，著名法医艾比·西尔维尔也赶了过去。他们首先封锁了案发现场并拍照，法医艾比则开始检查尸体、提取 DNA 样本。

检查尸体后，艾比发现，受害者朱蒂·约翰森生前曾遭到钝器的多次打击，流了很多血。但是，最终致命的原因是窒息，她的脖子上还留着清晰的勒痕。测量尸体肝温后发现，朱蒂的死亡时间为凌晨两点半至五点半之间。

另外，朱蒂在死前还曾被强奸。朱蒂的衣物上有明显的暴力痕迹，纽扣被扯落。朱蒂的指甲中残留着犯罪嫌疑人的皮屑，可能是在挣扎的过程中抓破了凶手的身体。法医使用生物检测仪检测后发现朱蒂的大腿内侧留有精斑。除此之外，在犯罪现场，法医还发现了男子下体的毛发。

随后，欧文警探开始询问朱蒂的家人与朋友，以及她的小外孙女宝琪。为了避免小女孩受到刺激，欧文以引导式的口吻询问宝琪："平日里，你经常与姥姥在一起玩些什么呢？你都是什么时候去姥姥家呢？"宝琪回答道："姥姥非常疼爱我，我平日里会与姥姥一起画画和看电视。昨天放学后，我就直接去了姥姥家，还陪着她看完她喜欢的电影才睡觉。"

随后，当欧文警探询问她关于犯罪嫌疑人的相关信息时，她的回答似乎有些模棱两可。起初，她说自己什么也没听见，不知道是谁。后来她才说，好像是姨夫克莱伦斯。而医生对宝琪进行检查后发现，小女孩与她的姥姥一样，都曾受到过性侵。因为医生在宝琪的内裤中也发现了男子的精斑。

根据小女孩的证词，欧文立刻带人到了克莱伦斯的住处。当警车停在克莱伦斯家门口时，他正好走出门外，欧文立刻上前用手铐将其铐住。克莱伦斯蒙住了，他对欧文说："警官，请问发生了什么事？"欧文回答道："你涉嫌谋杀朱蒂·约翰森。"

克莱伦斯很惊讶，但他还是对欧文说："我是被冤枉的，我会积极地协助警方破案。"正在房间里照顾孩子的梅琳达望向窗外，看到警察铐住了丈夫，立刻奔向门外。

当她听闻母亲已被人杀害，而外甥女指认凶手正是自己的丈夫时，她难以置信，无法接受这双重的打击。当丈夫克莱伦斯被带到警局后，梅琳达立刻打电话给妹妹爱普利，想要弄清楚事情的始末。

当梅琳达听完爱普利的叙述后，极力为丈夫辩解道："爱普利，凶手绝对不可能是你的姐夫，他昨晚一直都待在家里。你难道不相信他的为人吗？他对宝琪一向很疼爱，就像对待自己的亲生女儿一般，他怎么会做出如此暴行呢？"但是爱普利回答道："作为家人，我相信克莱伦斯的为人。可是作为母亲，我更相信我的孩子。"

5 天后，在母亲的葬礼上，梅琳达与爱普利两姐妹紧紧地握住了对方的手，但是一句话也没有说，仿佛她们都知道，这将会是她们今生最后一次握手。

通过调查，警方发现，克莱伦斯平日喜欢种花种草、收拾院子。据家人反映，他与岳母朱蒂的关系确实不怎么好。而且他与梅琳达的婚姻似乎也不怎么和谐，时常有争吵。因此，岳母很不喜欢他。

克莱伦斯与梅琳达是高中同学，他们在 18 岁时就结婚了。婚后，两人时常吵架。两个儿子相继出生后，由于抚养孩子的压力日益增大，他们的争吵也逐渐升级。每次吵架后，梅琳达就会搬到母亲朱蒂家，这让岳母对克莱伦斯很不满。

可梅琳达称，虽然丈夫克莱伦斯与母亲之间存在误会，但还不至于做出如此暴行，更不会做出伤害小外甥女的事情。据警方调查了解，小外甥女宝琪一直很喜欢姨夫克莱伦斯，经常会在周末去他们家玩。

而在案发当晚，克莱伦斯曾与朋友在酒吧喝酒。朋友离开后，他又自己到另一个酒吧再喝了几杯才回家。当时在酒吧的人也表示，在夜里两点半的时候确实曾看到克莱伦斯出现在那里。

梅琳达表示，案发当晚丈夫从酒吧回来后一直都待在家中。由于儿子生病了，她一直没有睡觉，只是偶尔眯一会儿。丈夫夜里两点多回来后，又简单洗漱了一下，3 点多上床入睡。另外，梅琳达还称，从自己家到母亲家往返需要两个多小时。如果他离开家，她肯定会知道的。因为家门口有一只狗，只要发出一点声音，那只狗就会叫个不停。

虽然当时在犯罪现场搜集到的各种证据——血液、头发样本、体液——的 DNA 检测与克莱伦斯的完全不吻合，在其家中也搜查不到任何与犯罪现场相关的证据，他的车里没有一点血迹，他也没有犯罪动机和犯罪时间，但是，一个 6 岁小女孩的证词足以让陪审团相信，克莱伦斯就是凶手。

最终，36 岁的克莱伦斯被起诉犯有强奸罪和谋杀罪而入狱。

这让梅琳达与克莱伦斯难以相信，他们认为这是一场噩梦。

不甘心的梅琳达准备上诉，一方面是想找出杀害母亲的真凶，另一方面也想从监狱中救出丈夫。她向擅长调查冤案错案的破案专家马丁·杨特提出请求，希望他能帮忙查出真正的凶手。

当马丁了解了案情后，确定克莱伦斯不是凶手。随后，他将注意力放在了朱蒂的邻居莱尔·罗什身上。据梅琳达称，莱尔自称喜欢朱蒂。而在与莱尔的谈话过程中，马丁注意到，他与克莱伦斯在相貌上确实有几分相似。此时，马丁还需要受害者宝琪的帮助。

这时，克莱伦斯已经在监狱中度过了三年半的时间。梅琳达主动写信给爱普利，爱普利也非常想念梅琳达，于是不久后两姐妹就重修旧好。

几个月之后，当爱普利将莱尔的照片拿给女儿看时，宝琪刚看了一眼就立刻吓得大哭起来，声音非常尖锐。这时，爱普利意识到，杀害母亲的凶手正是莱尔。

此时，宝琪已经 10 岁了。当马丁问她为何当时认为凶手是姨夫克莱伦斯时，宝琪称，凶手与姨夫长得很像。当马丁再次问她觉得凶手是不是克莱伦斯时，她回答道："一开始觉得是，但现在感觉不是他。"

新的嫌疑人确定了，那就是朱蒂的邻居莱尔。在唯一目击证人的新证词下，克莱伦斯的辩护团队向法院提出申请，请求重新审理朱蒂被杀一案。可是，公诉方并不同意，他们认为，是梅琳达胁迫自己的外甥女修改了证词。

尽管如此，两个月之后，公诉方还是主动交出了莱尔的 DNA 样本进行检测。著名法医凯西·约翰森采用了新型的专门检测男性 DNA 样本的技术，对克莱伦斯和罗什的 DNA 进行检测。经过检测后发现，克莱伦斯的 DNA 与所有证据上的 DNA 都不吻合，而莱尔的 DNA 检测结果也是如此。

此案重审的机会最终被驳回，这让梅琳达非常失望，可是她依然不放弃，一直为救出丈夫而积极奔走。

此时，马丁在调查中注意到了朱蒂的另外一个邻居厄尔曼。据调查，他也与朱蒂相识，还曾参加过朱蒂家的家庭聚会。在朱蒂遇害后没多久，他因为强奸女童而入狱。在此之前，他还有过暴力史，并有强奸女童的犯罪记录。现如今，他与克莱伦斯正关在同一个监狱中。

于是，律师让克莱伦斯在监狱里暗中收集关于厄尔曼罪行的证据。一次，克莱伦斯捡到了厄尔曼抽过的烟蒂，并将其交给律师。相关人员对烟蒂上的 DNA 进行检测后，发现厄尔曼的 DNA 与从朱蒂指甲中的皮屑、大腿内侧的精斑，以及在宝琪的内裤中发现的精斑中采集 DNA 样本完全吻合。除此之外，当时在朱蒂家中发现的犯罪嫌疑人的下体毛发，也正是厄尔曼的。警方随后对厄尔曼进行了 5 次测谎，结果表明，他说自己与此案无关是在撒谎。

最终，通过这些有利证据，法庭宣布克莱伦斯无罪释放。

鉴证专家

精斑，是指男性在性刺激的情况下而出现射精或者是前列腺液流出，液体附着在内裤或被褥上而形成的斑痕。通常而言，精液在干燥后会有发硬的情况，因此这些地方的布料要比其他地方稍微硬一些。

在强奸、谋杀案件中，精斑通常会出现在犯罪嫌疑人或者被害人的衣物上，或是出现在女性的大腿内侧或外阴部位，以及犯罪现场的毛巾、被褥、草席等物品中。因此，精斑往往是强奸、谋杀案的重要物证之一。另外，它也经常被用于 DNA 检测。

第二十章

死亡游戏
——比萨员身上的项圈炸弹

2003 年 8 月 23 日下午，在宾夕法尼亚州的皮斯特小镇上，一个打扮怪异的男子拄着拐杖，冷静地走进了一家银行中。他穿着白色的 T 恤衫，胸口的衣服下似乎盖着一个盒子状的异物。

他走到一个窗口前，递给银行柜员一张纸条，纸条上写着："请交出 25 万美金。"银行柜员立刻意识到，这名男子是想抢劫。她非常惊慌，正想着如何报警，这名男子沉着地对她说："我没有多少时间了，我的脖子上挂着非常沉重的炸弹装置，尽快按照纸条上所写的内容把钱拿给我。"

柜员慌张地说："银行现在无法取出这么多钱，只能拿出 8000 美金。"男子点点头回答道："可以，你立刻给我装起来。"

在等待柜员拿钱的间歇，那名男子异常轻松地站在旁边等待，他甚至还拿起柜台前的一根棒棒糖放进嘴里吃了起来。等柜员装好钱递给他之后，他拿着钱走出了银行。

在他离开之后，银行柜员立刻报了警。一名办理业务的市民当时也注意到了这一情况，他跟着那名男子出了银行，也立刻拿起电话报了警。"你好，911 吗？我刚刚看见一个男子抢劫了银行，现在正准备开车离开……"

上车开了一段距离后，那名男子下车从路边的一块石头下面拿出一张纸。他刚坐回车里，还没来得及发动汽车，就被接到报警立即赶来的警探杰森·维克与其他几位警员抓住了。他对警察说自己叫布莱恩·韦尔斯。

警察将其拉出车外时，发现了他 T 恤衫下的炸弹装置，于是立刻将他反手铐住。

紧接着，杰森一面让警员快速疏散附近的人群及商铺里的人，不让围观者靠近；一面迅速打电话求助拆弹人员。很快，破案专家杰拉尔德·克拉克也赶到了事发现场。

克拉克有着 10 多年处理银行犯罪的经验，并破获过多次炸弹威胁案。到达现场后，他一边查找布莱恩的背景资料，一边等待拆弹人员到来。

此时，韦尔斯向警方讲述了自己的故事："我只是一个比萨外送员，也是这个变态游戏的受害者。今天下午，我接到订比萨的电话。可是，当我开车到达约定的地址——一个电视信号发射塔附近时，刚拿出比萨给他们，就遭到了绑架。当时有个人对我开枪，听到枪响后我立刻吓得晕了过去。醒来时，我发现自己的脖子上套着一个炸弹装置。他们命令我抢银行，并且拔出了保险针。现在炸弹已经开始计时了，我没有多少时间了，炸弹马上就要爆炸了。"

虽然这个故事听上去很完整，可是克拉克发现，他在叙述整个事件的时候冷静得出奇。按理说，一个即将面临死亡的人是不会如此镇定的。

当韦尔斯请求警方给幕后主导者打电话确认时，他身上的炸弹突然发出了"哔哔"的声响，间断时间很短促。韦尔斯变得惊慌起来。他左顾右盼，似乎很想立刻拆除身上的炸弹。但顷刻间，炸弹爆炸了，韦尔斯的胸前被炸出了一个大洞，他应声倒地。

拆弹人员到达后，仔细查看了韦尔斯的车子，看还有没有其他的炸弹装置。当他们确保了车子安全后，开始查看韦尔斯的状况。

拆弹专家查看了韦尔斯身上的炸弹装置，发现这是一种可以称为非常疯狂的设计，一般情况下是很难将其从身上拆除的。

随后，警方开始对韦尔斯的车子展开搜查，以找寻更多证据。在车上，他们发现了他在银行出现时拄着的拐杖，那是一根两英尺长的手杖。但是仔细检验后，却发现这实际上是一支自制的猎枪，由各种金属片和木头片组成的。

除此之外，韦尔斯的车里还有一些很奇怪的东西。车里有很多纸条，标题是炸弹人质，上面标明了韦尔斯需要做的一系列事情。纸条上还写着，唯一能够拆除炸弹的方法，就是韦尔斯完成一个复杂的寻宝游戏，为此，他需要从四个不同的地点收集线索，并且遵循一系列的操作指南。否则，这个死亡游戏就会在 55 分钟后因为炸弹爆炸而结束。

搜集到这些证据后，警方的疑虑反而更多，因为他们发现，从目前的情况来看，问题远比答案更多。警方的犯罪心理分析员玛丽·艾伦根据银行的监控录像与车上的纸条分析，这起银行抢劫案可能是个阴谋，因为这不可能是一个人就能完成的犯罪。不管是当时进入银行、等待拿钱，还是拿完钱走出去的时候，韦尔斯都是非常冷静的，就好像是在做着某个游戏。

因此，玛丽怀疑是有人在背后操控这一切，而且操纵者就在距离银行不远处，以便随时观察韦尔斯的动态。而那些纸条上的计划是非常复杂的，似乎是制作者的施虐之旅，每个细节都暗含着各种操控行为，就像是一个变态游戏。

于是，警方开始按照纸条上的做法进行搜查，并最终完成了这一变态游戏。然而，游戏完成之后，案件却没有任何进展。谁也不知道下一步将要做什么。

警方联系了当地的反恐人员，并成立了特别调查小组。他们首先调查了韦尔斯的背景。韦尔斯在高中就辍学了，之后一直做比萨外卖员，已经做了 30 年了。他独自一人生活，没有几个相熟的朋友。据他的房东称，他是一个比较安静的人，喜欢帮助她整理房子和做家务。

在韦尔斯的家中，警方发现了一本写有名字和数字的日记本，并注意到了肯·巴恩斯、杰西卡和安吉的名字。杰西卡和安吉曾因卖淫而被拘捕过。这一线索让警方了解到了韦尔斯不为人知的一面。由于他曾与卖淫者有过接触，警方的调查方向便有了变化，他们需要调查更多与韦尔斯有过接触的人。

随后，警方开始深入韦尔斯工作的地方进行调查。据韦尔斯同事的证言，在案发当天的下午一点半，有人打电话订购了两个大比萨。17 分钟后，韦尔斯就开车送过去了。后来，警方查到那个订购比萨的来电来自加油站附近的某个付费电话。

查到地址后，警方立刻开车到达了那里。在那里，警方确实发现了一座电视信号发射塔。那是一条尘土漫天的小路，也是韦尔斯声称自己遭到绑架的地方。在那个地方，调查人员也发现了韦尔斯来过的证据：脚印、轮胎印等。他们将这些证据保存了下来。

此时，克拉克怀疑韦尔斯是否真的具备制造炸弹和实施抢劫计划的专业知识，如果没有，那么谁是背后的操控者呢？

随后，警方与拆弹专家开始仔细研究当时炸死韦尔斯的那个炸弹装置。它是用 3 条带子缠绕在韦尔斯的脖子上的，上面有 4 个钥匙锁，还有由 3 个数字组合成的拨号盘。另外，这枚炸弹装置是用无法追踪的家庭用品混合制成的。计时器则使用了多年前较为常见但现在已基本被淘汰的厨房计时器，燃料剂是装在猎枪的子弹壳中的。

同时，这个炸弹上还装了几条迷惑人的假线，但并没有真正接到炸弹上。可见，制作者的心思是非常细密的。

警方进行分析后推测，此人具有炸弹、猎枪及电学方面的知识，心思细腻、沉稳。因此，这个炸弹装置看似简单却非常有效。

3个星期后，就在警方积极搜查这起项圈炸弹案的幕后操控者时，一个奇怪的电话打到了警局。举报人声称自己名叫威廉·罗斯坦，说在皮斯特8645号的车库中有一具冷藏的尸体。

当警探杰森·维克确认他的住址时发现，与他家后院相接的地方，正是韦尔斯最后一次送比萨的地方。

罗斯坦声称，他是马乔里·迪尔·阿姆斯特朗的前男友。马乔里枪杀了她的现男友，并给了罗斯坦2000美元，让他帮忙处理尸体和手枪。本来，他们只计划将尸体装进冷藏箱中，但后来，马乔里要求他必须肢解尸体，再用车将尸体的各个部分运到全国各地进行丢弃。他一方面感到这种做法十分残忍，另一方面也因隐藏这一秘密而感到压力。于是，他不得不报警。

听到马乔里这一名字，维克感到很耳熟，因为这个女人曾与多起案子有关，且都是男性死亡案。1984年，马乔里曾被起诉用38毫米口径的手枪朝男友开了6枪并致其死亡，但她声称自己是出于自卫才杀他的，最终法庭撤销了对她的所有指控。4年后，她的丈夫死在医院里，是因头部受伤导致脑出血而死亡的，马乔里因此起诉医院，并赢得了25万元的和解款。现如今，她又因为杀害自己的男友而被告发。

报案时，罗斯坦答应带警方前去指认藏匿尸体的地方。于是，维克带着几名调查人员前去查看。当他们跟着罗斯坦进入一个车库里时，发现室内杂乱不堪，昏暗的灯光下充斥着一股血腥的味道。维克发现，现场还曾被人用氧化钠冲洗过。

在车库的角落里，调查人员看到了那个冷藏箱，里面是那具包裹好的尸体。可是与此同时，他们还发现了一张自杀纸条，上面写的是“布莱恩·韦尔斯与项圈炸弹”。这立刻引起了维克的注意，为何这里会出现这样一张纸条呢？谁会在自杀时提及这件事呢？

为了解开这一谜团，维克立刻联系了破案专家克拉克。随后，警方对罗斯坦的家展开了搜查。经过搜查，警方发现了与项圈炸弹有关的东西——猎枪子弹壳。这与那个项圈炸弹用来装燃料剂的弹壳非常相似。这一发现使得项圈爆炸案有了重大进展。当克拉克询问罗斯坦一些与项圈爆炸案有关的问题时，他总是尽力将自己置身事外。由此，克拉克与维克更加怀疑，罗斯坦就是项圈炸弹案背后的操控者。因为在此之前，警方就曾分析出，制造炸弹的人对猎枪有一定的了解，并有电学方面的知识，很有可能是工艺美术师，能将一些东西制作成成品。而罗斯坦的情况非常符合他们之前的分析：兼职某高校的工艺美术老师，并兼职做电工，还曾做过象棋教练。

于是，警方决定直接审问他。可是，克拉克随后与罗斯坦进行的几次谈话都没能取得实质性的进展。当克拉克问他为何会在自杀留言中提及项圈炸弹时，他却避重就轻，声称不想浪费时间与警方说一些无关的事情。当克拉克问他案发当天他在哪里时，他声称自己有不在场的证据，马乔里可以为他做证。

可是，马乔里却并不想帮助罗斯坦。由于罗斯坦的举报，警方掌握了她谋杀的证据，最终将其逮捕。当马乔里被押走时，她大发雷霆，不住地辱骂罗斯坦，并称罗斯坦应该为韦尔斯的死负责。

由于她一贯行为古怪，并经常在法庭上辱骂法官，因此，法庭宣布先将其关在精神病机构做精神评估，在此期间，警方的调查人员是无法接近她的。这一规定让警探们很沮丧。虽然他们知道，马乔里和罗斯坦肯定与杀死韦尔斯的项圈炸弹有很大关系，但这都只是猜测，他们还需要掌握确凿证据。

可是，不管调查人员如何与罗斯坦展开谈话，他都坚称自己与韦尔斯的案件无关。不久，罗斯坦被诊断出患了淋巴癌，时日无多了。调查人员认为他已临近鬼门关，或许会将自己知道的事情说出来。可是，他依然否认自己参与过项圈炸弹案。几周后，罗斯坦就去世了，这让警探们更加沮丧。

几个月之后，面对如山的铁证，马乔里承认自己谋杀了男友，最终，她被判入狱 20 年。

在监狱中，克拉克与她见了面。可是，马乔里拒绝谈论任何与项圈炸弹有关的事情。

正在警方一筹莫展之际，当地一家锁店的老板为警方提供了新线索，让案情有了重大突破。

老板称，在案发前一段时间，罗斯坦曾在他的店中寻找过一种特定类型的锁，那是一种具有旋转功能的挂锁。而这种锁，与那个项圈炸弹使用的锁属于同一类型。

另外，一个快递司机也提供线索称，在案发当天，他曾看到过罗斯坦与马乔里在加油站的投币式电话亭中打电话。经警方查证，那个时间正是订比萨的嫌疑人来电的时间，而那个电话也确实是打到韦尔斯工作的比萨店的。

这让警方感觉，他们已经越来越接近真相了。克拉克推测，马乔里肯定也与项圈炸弹案有关，她深知如果交代了炸弹案件的犯罪事实，她或许将一辈子待在监狱中。

可是没多久，马乔里就主动联系了警方，向他们讲述了一些关于韦尔斯的信息，并要求警方把自己转移到其他监狱中作为交换，这样的话她会说出与项圈炸弹案相关的事情。于是，警方安排其转移了监狱。

随后，克拉克和维克与她进行了谈话。马乔里声称，罗斯坦就是项圈炸弹案的主谋。他曾去她的家里寻找厨房计时器，目的就是抢劫银行。同时，她也告诉了警方自己杀死男友的原因：正是因为男友知道了他们抢劫银行的计划，并威胁马乔里要将这件事情捅出去。

另外，她还提到了一个人的名字——肯·巴恩斯。她与巴恩斯曾是一起垂钓的朋友，但是，当巴恩斯知道她身上有一笔钱后，抢走了她的钱。

当克拉克与维克听到肯·巴恩斯这个名字时，立刻想起来他们曾在韦尔斯的日记本上看到过这个名字。接下来，他们需要将巴恩斯、韦尔斯、马乔里三人的关系弄清楚。

调查人员再次找到了一个曾经与韦尔斯接触过的卖淫女杰西卡。从她的口中，警方得知，由于都有招嫖的恶习，臭味相投的韦尔斯和巴恩斯由此相识，并成了朋友。巴恩斯还吸毒，因此时常入不敷出、穷困潦倒。卖淫女杰西卡与巴恩斯关系密切，但韦尔斯并不知道他俩的真实关系，他甚至在巴恩斯穷得付不起嫖资时，将杰西卡送到巴恩斯的住处，然后替巴恩斯付钱给杰西卡。然而杰西卡转手就将钱交给巴恩斯，以便他能继续买可卡因。

最终，警方以贩卖可卡因的罪名逮捕了巴恩斯。当警方审讯巴恩斯时，他声称自己只是马乔里的钓友，并不认识韦尔斯，也不知道任何关于他的事情。可是，经不住警方的一连串审问，巴恩斯最终向警方坦白，他不仅是项圈炸弹案中的一员，还了解这起案件的真正动机和幕后操控者。

原来，巴恩斯不只是马乔里的朋友，还是马乔里的一个追求者。某天，当他们正在垂钓时，马乔里提出让巴恩斯帮忙杀掉她的父亲，因为父亲取消了她的继承权，这让她怀恨在心。于是巴恩斯对她说，要想杀她的父亲，就得先有一大笔钱来买凶杀人。

于是，马乔里精心策划了这起银行抢劫案，以便弄到一笔钱。她先是让罗斯坦制作了炸弹，随后与巴恩斯编造出一个变态寻宝游戏，来混淆警方的调查方向。至于韦尔斯，他是被巴恩斯骗来的，只是他们的一个棋子。起初，韦尔斯以为这一切真的只是一个变态游戏，这让他非常着迷，并且深信不疑。但他并不知道那个项圈炸弹是真的，他一直被告知，那只是一个没有被激活的装置。

当韦尔斯在银行进行抢劫时，马乔里与巴恩斯就在不远处用望远镜监视着一切。

此时，调查人员才最终确信，原来马乔里才是这起案子的主谋。她善于辨别哪些男人是可以被操控和支配的，哪些男人会对她言听计从。

最终，巴恩斯密谋持械抢劫的罪名成立，被判入狱 45 年，而马乔里则因持械抢劫、密谋及使用破坏性装置等几项罪名，被判终身监禁。

鉴证专家

爆炸现场的勘查

爆炸现场的勘查，是指当爆炸发生后，勘查人员需要对爆炸物及残留物进行检查，从而为查明爆炸原因及尽快破案提供线索和证据。在大多数情况下，由于爆炸物会在爆炸过程中遭到损坏，因此，勘查人员需要对现场进行细致勘查，以提取更多有利的证据。

爆炸现场勘查的特点有：

1. 为了保证勘查人员的安全，首先要进行排爆，然后再进行勘查。

2. 搜寻现场残留物是勘查的关键。由于爆炸过程中相关证物会被破坏，因此，勘查人员需要细致地勘查爆炸残留物或是破坏比较严重的物体。

3. 勘查时要进行全方位搜查。在爆炸时，波及的范围往往是以爆炸点为中心向四面八方扩散，因此勘查人员要全方位进行搜查。比如，当爆炸发生在室内时，勘查人员不仅要对地面进行勘查，还要对四周的墙面及天花板等地方进行细致的勘查。

图书在版编目 (CIP) 数据

破案神探：犯罪现场调查 / 王利利著 .—北京：中国法制出版社，2020.6
ISBN 978-7-5216-0871-7

Ⅰ . ①破…　Ⅱ . ①王…　Ⅲ . ①犯罪现场—现场勘查
Ⅳ . ① D918.4

中国版本图书馆 CIP 数据核字（2020）第 024717 号

策划编辑：孙璐璐（cindysun321@126.com）
责任编辑：王　悦（wangyuefzs@163.com）　封面设计：汪要军

破案神探：犯罪现场调查
PO'AN SHENTAN：FANZUI XIANCHANG DIAOCHA
著者 / 王利利
经销 / 新华书店
印刷 / 河北鑫兆源印刷有限公司
开本 / 710 毫米 ×1000 毫米　16 开　印张 / 13.5　字数 / 197 千
版次 / 2020 年 6 月第 1 版　2020 年 6 月第 1 次印刷

中国法制出版社出版
书号 ISBN 978-7-5216-0871-7　定价：39.80 元

北京西单横二条 2 号　邮政编码 100031
值班电话：010-66026508
传真：010-66031119
网址：**http://www.zgfzs.com**
编辑部电话：**010-66038703**
市场营销部电话：**010-66033393**
邮购部电话：**010-66033288**
（如有印装质量问题，请与本社印务部联系调换。电话：010-66032926）